のこった

もう、相撲ファンを引退しない

星野智幸
Hoshino Tomoyuki

はじめに

相撲で起こることは、この社会のすべての人にも起こる

この言葉は、サッカーの元日本代表監督、イビチャ・オシムさんが述べた、「人生で起こることは、すべてサッカーでも起こる」という言葉を応用したものです。

オシムさんは旧ユーゴスラビアの代表監督だった時代に民族紛争を経験、それがサッカーの場でも起こってサッカーが成り立たなくなる過程を目の当たりにしてきました。オシムさんは体を張って、民族対立がサッカーに持ち込まれることを防ごうと努めましたが、外部の政治的状況がそれを許さず、監督を辞任することでその状況に異を唱えました。そのオシムさんの人生

がまさに表れたのが、この言葉だったのです。

サッカー好きである私は、Jリーグ浦和レッズのファンですが、何度この言葉を噛み締めてきたことでしょう。特に、ここ数年、レッズが政治や差別の問題で揺れるようになってからは、苦渋とともにこの言葉を考えます。

オシムさんはこの言葉をさらに詳しく、次のように解説します。

「しかも、サッカーではもっと早く、もっと凝縮して起こる。つまり、人間が一生涯で経験できるものすべてが、非常に短い時間の中で起こりうるのだ。一度の人生で起こりうる美しいこと、醜いこと、すべて詰め込まれたのがサッカーなのである」（イビチャ・オシム『日本人よ！』新潮社）

サッカーの場では、この世で起こりうる暴力も正義も、凝縮されて早いスピードで展開されるというのです。

私が相撲に戻ってきたのは、二〇一四年の九月場所からです。「戻ってきた」というのは、第1章で詳しく書きますが、二〇〇三年の横綱・貴乃花《たかのはな》の引退で私自身も相撲ファンを引退してから、もう一度、本格的に相撲を見ようと決めたことを指します。

そうして相撲を熱烈な気持ちとともに見ながら、オシムさんのあの言葉は、サッカーだけでなく、あらゆるスポーツに言えるのだな、と思うに至りました。もっと言えば、スポーツで起こることは、世の中で起こることを先取りしている、と思うのです。

どういうことでしょうか？

例えば、この本でも再三取り上げて批判している「日本人ファースト」。日常の社会でも、ヘイトスピーチなどで民族や人種の差別が目立つようになってきました。ただ、それを積極的に行っているのは主に、極端な排外主義者たちです。問題は、そのような人たちの暴力的な言葉に対して、一般社会が多少眉をひそめつつも無関心な態度を取り続け、その結果野放しとなって、ひどい差別が大手を振ってまかり通るようになってしまったことです。つまり、世のマジョリティは「よいことではない」と思いながらも、「自分とは直接関係ない」と考え、そういう態度において、消極的に暴力に加担してしまったのです。

ところが、今、東京・両国の国技館に行くと、そのような状況が一変します。「日本人が日本人を応援して何が悪い」という発想のもと、外国人力士を「敵」のようにみなす応援があったり、ひどい場合には差別とも取れる声が飛んだりします。そしてそれを咎《とが》めるどころか、一緒になって笑ったり盛り上がったりしている。

そこには「よいことではないが、自分には関係ない」という最低限の感覚すらなく、むしろ当然の声援と捉えて一緒に乗っている人が多いように、私には感じられます。

なぜ、このような不作為的差別から積極的差別への転換が起こるのでしょう？

スポーツを観戦しに行くときは、パーっと盛り上がりたいと思っている人が多いと思います。普段気にしていることなど忘れて、解放されたい。なぜなら、スポーツの空間は、日常世界とは隔てられた非日常の場だからです。祭りの場と似ていると言えるでしょう。皆、どこか無礼講的な気分になって、日常空間よりも自分を解放した状態になります。

これはスポーツのとても大きな長所だと思います。日常を一〇〇パーセント自分に忠実に自分らしく生きている人は稀《まれ》で、自分を殺して組織や所属集団に合わせて生活している人が大半でしょう。特に同調圧力の強い日本では、そのような生き方をするよう、子どものころから訓練されてきているので、自動的に自分を抑えてしまいがちです。だから、スポーツの場のように、自分を解放してくれる空間はとても貴重です。

ただし、解放された結果、重しが取れて現れてくるものは、必ずしも肯定的なものばかりとは限りません。抑えていたネガティブな感情が、暴力的な言葉や物理的な暴力そのものとなって噴き出ることも、少なくない。普段は理性で「かくかくしかじかの行為をしたら、世の中的にまずい」と判断してセーブしていることでも、スポーツの非日常の時空では、セーブが緩んで言動として表に出やすくなります。理性が働かない以上、どんなものが噴き出てくるかをコントロールすることは難しくなっています。

また、応援している者同士の結びつきが容易になるので、集団として熱狂しやすい。日常の場では、知らない者に急に話しかけたり親しくしたら変人と見なされるから、人づき合いは距離を測りながら行いますが、スポーツ観戦の場では、同じファン同士ならそれだけで仲間と認定でき、いきなり距離を縮めてよいのです。これがさらに、個人としての理性をオフにしていきます。

良くも悪くも、セーブのない状態の時にこそ、その人の無意識の中にある価値観がはっきりと姿を表すと、私は感じています。つまり、日常では理性で考えている倫理観が、本当にその人の血肉になっているのかどうかは、スポーツ観戦の場などで表面化するのです。日常の倫理観が、自分にとって抑圧だとしか感じられていないと、それはスポーツ観戦の場では、逆に振れた態度として現れるでしょう。

私が感じるのは、例えば人権の意識などは、「学校で教わるきれいごと」としか認識されず、実際には人権意識と相反するような考え方が常識となった日常を、多くの人は生きているなあ、ということです。地域社会にせよ、会社社会にせよ、学校社会にせよ、親子関係にせよ、人権意識を裏切るような常識が支配しているのです。なので、タテマエとしては「してはまずいこと」と理解していながら、無意識の中ではただの抑圧的な道徳律になってしまっているのです。

けれど、本当は人権意識とは、きれいごとといった問題ではなく、マジョリティではない人がマジョリティと同じ普通の生活を送るための保障です。それは、マイノリティの立場にある人にとっては、生きるか死ぬかの決定的な命綱なのです。外国籍の人やLGBT（セクシュアル・マイノリティ）といった出自と結びつく立場だけではありません。貧困のように、それまでマジョリティだった人がマイノリティになることも多々あります。だから、人権意識とは、すべての人にとっての命綱なのです。自分たちにとっての「普通」が、自分とは違う人にとっては脅威や困難になることがある、ということを感じることが人権意識であり、抽象的なタテマエではなく具体的な感覚の問題です。

けれど、同質意識が強く、大勢《たいせい》に従いたがる日本社会では、自分がマイノリティの立場になることを極端に恐れます。そのため、自分たちの「普通《マジョリティ》」にマイノリティが合わせるのが当然、と考えがちです。「普通」の内容を広げることで、誰もが脅威や困難と感じなくなる方向を目指す、とはなりにくい。

現在のスポーツ観戦の場では、その無意識の常識が噴き出ています。特に、大相撲はその常識一色に覆われつつあります。

私は、国技館の偏った雰囲気は、日常の世の中からかけ離れた特殊な空間だから醸し出されているわけではなく、多くの人の心の奥底でくすぶっているネガティブな感覚が、それは表に出してよいのだという空気のもと、標準化されたものだと思っています。国技館で「日本人中心は普通の態度なのだから、何も悪いことはないのだ」と思えるようになれば、ほどなく日常の社会でも、そのような態度を普通のものとして取るようになるでしょう。「世の中的にまずい」といったセーブは消えて、たちまち社会の倫理は作り変えられていくでしょう。

スポーツの場で姿を現した無意識は、集団の熱狂というベクトルで形を整えられ、スポーツの外の日常の時空で意識へと昇格します。スポーツの場で起こることは、やがてこの社会を覆っていくのです。スポーツとは、社会の深層で起こっていることを、社会よりも少し早く先取りする場だということです。

逆に言えば、スポーツの場を見れば、今の社会がどんな状態にあり、どんな考え方をしていて、これからどんな方向へ向かおうとしているのか、見えてくる。危うい価値観が非日常的な集団の場で公認されて社会全体に広まっていく前に、スポーツの場で「それは間違っている」と批判して食い止めれば、取り返しのつかない事態を避けられるかもしれません。事実、サッカーでは何が差別に当たるかを厳しく定義し、世界中でそれを許さない取り組みが行われています。そのことで、世界中の人権意識を育てる役割を担っています。特に、観戦する子どもたちを通じて、人権感覚が標準となるであろう未来を準備します。

私が愛してやまない相撲も、そうであってほしいのですが、実態は悲しいかな、「日本人ファースト」のように危うい価値観をむしろ相撲人気を盛り上げるために利用している。これがどれほど猛毒の毒饅頭であるか、あやふやなままに。

私はスポーツこそが差別的価値観の拡大を食い止められると信じているので、このような本を書くことにしたわけです。肝心なのは、私が相撲を心の底から好きであること。一時期はまさに貴乃花の命運と、私の人生は連動していました。そのような力を持つからこそ、相撲が来たるべき世界を体現する希望の場となってほしいのです。暗黒世界の予言のようにはなってほしくないのです。

相撲好きの方も、そうでない方も、スポーツに関心のある方も、スポーツは社会に害悪をもたらすと感じている方も、しばしお付き合いください。

二〇一七年九月場所中に

目次

第1章

曙貴《あけたか》時代の空気を振り返る 37

第2章

「日本人ファースト」に潜む危うさ　67

第3章 「国技」の相撲、相撲のルーツ　99

第4章

「スー女」は大相撲の未来を担う 147

スー女対談 星野智幸×和田静香 155

本書のための大相撲年譜

１９６２（昭和37）年	はじめてのハワイ巡業をホノルルで行う
１９６４（昭和39）年	米本土で初の巡業をロサンゼルスで開催
１９６５（昭和40）年	初のソ連公演をモスクワとハバロフスクで開催
１９６７（昭和42）年	ハワイ出身（米国籍）の高見山《たかみやま》が十両昇進。初の「外国出身外国籍」関取に（三月場所）
１９７２（昭和47）年	高見山が外国出身力士として初優勝（七月場所）
１９７３（昭和48）年	日中国交正常化を記念して中国公演を北京と上海で開催
１９８０（昭和55）年	高見山が日本国籍を取得。のちに東関《あずまぜき》親方として後進の指導にあたる
１９８２（昭和57）年	ハワイ出身の小錦《こにしき》が初土俵（七月場所）。二年後の１９８４年九月場所では千代《ちよ》の富士《ふじ》、隆《たか》の里《さと》から金星を奪い「黒船襲来」と話題に
１９８５（昭和60）年	中南米ではじめての公演をメキシコで行う
１９８６（昭和61）年	ヨーロッパでの初公演をパリで行う。その後、ロンドン公演（１９９１年）、スペイン・ドイツ巡業（１９９２年）など立て続けにヨーロッパで開催

1987（昭和62）年
カナダ出身の琴天山《ことてんざん》が初土俵から三場所連続無敗のまま失踪し引退（七月場所）
小錦が外国出身として初の大関に昇進（五月場所）
横綱・双羽黒《ふたはぐろ》が親方と衝突、部屋を脱走し引退へ

1988（昭和63）年
ハワイ出身の曙《あけぼの》が初土俵（三月場所）。同期の三代目若乃花《わかのはな》、貴乃花《たかのはな》、魁皇《かいおう》らとともに「花の六三組」と後に称される

1989（平成元）年
ハワイ出身の武蔵丸《むさしまる》が初土俵（九月場所）

1990（平成2）年
南半球初のブラジル公演をサンパウロで行う。1997年にはオーストラリア公演も

1992（平成4）年
旭鷲山《きょくしゅうざん》、旭天鵬《きょくてんほう》らが来日。モンゴル出身として初入門・初土俵となった（三月場所）。旭天鵬は2005年に日本国籍を取得

1993（平成5）年
曙が外国出身力士（米国籍）として初の横綱に昇進（三月場所）

1993（平成5）年
アジアでは上海以来20年ぶりとなる香港巡業を行う

1996（平成8）年
武蔵丸（一月）と曙（四月）が相次いで日本国籍を取得

1999（平成11）年
モンゴル出身の朝青龍《あさしょうりゅう》が初土俵（一月場所）。その後、2010年の引退まで25回の幕内優勝をはたす

2000（平成12）年
武蔵丸が横綱に昇進（七月場所）

2001（平成13）年
横綱・曙が引退

2003（平成15）年
モンゴル出身の白鵬《はくほう》が初土俵（三月場所）
朝青龍がモンゴル出身力士として初めて横綱昇進（三月場所）。昇進にあたって「品格に問題あり」とされた

2004（平成16）年
初の韓国公演をソウルと釜山で開催

2007（平成19）年
8回目のハワイ巡業を行う（2017年現在でこれが最後のハワイでの巡業となっている）
17歳の序ノ口力士が時津風《ときつかぜ》部屋で暴行を受け死亡。その後、当時の親方や兄弟子らに実刑判決
白鵬が横綱に昇進（七月場所）

2008（平成20）年
初のモンゴル巡業を行う
ジョージア（当時はグルジア）出身の幕内力士・若ノ鵬《わかのほう》が大麻取締法違反で逮捕される。後に北《きた》の湖《うみ》理事長の引責辞任へとつながる

2010（平成22）年
朝青龍が引退
暴力団員へのチケット手配により木瀬《きせ》部屋が取りつぶしに。北の湖部屋に吸収合併される
大関・琴光喜《ことみつき》らの野球賭博が発覚。ＮＨＫが本場所中継を中止（七月場所）

2011（平成23）年
八百長問題により本場所を中止に（三月場所）。翌五月場所は技量審

査のために無料公開で開催

2015（平成27）年

白鵬が歴代1位となる33回目の幕内優勝を飾る（一月場所）

2016（平成28）年

大関・琴奨菊《ことしょうぎく》が初優勝。2006年一月場所の栃東《とちあずま》以来の「日本出身力士」の優勝と報じられた

2017（平成29）年

稀勢《きせ》の里《さと》が「日本出身力士」としては三代目若乃花以来19年ぶりに横綱昇進（三月場所）

注・「公演」は日本相撲協会が主催。「巡業」は地元組織などが主催するもの

イントロダクション1

「日本スゴイ」ブームの極み、大相撲人気に覚える違和感

「日本礼賛」が信仰になるとき

「保育園落ちた日本死ね」が二〇一六年の流行語大賞にノミネートされて賛否が沸騰したが、密かに流行語となっているのが「日本スゴイ」である。これは日本の素晴らしさを他者が褒める言葉ではなく、日本を自我自賛する風潮を指している。

「保育園落ちた日本死ね」は日本を貶《おとし》める言葉でそんなものが流行語大賞の候補になるとは言語道断だ、と腹を立てるのも、「日本スゴイ」現象の一環といえよう。

私の知る限りでは、早川タダノリ氏の『「日本スゴイ」のディストピア』（青弓社）という本が二〇一六年に出版され、東京（中日）新聞でも「テレビで本で『日本スゴイ』　ブームの行く先は……」という特集記事がその年末に書かれたことなどから、日本礼賛の傾向に批判的な人たち（私もその一人）の間で、「日本スゴイ」ブームというような言い方がされるようになったようだ。

私が日本礼賛の風潮が顕著になったと感じたのは、東日本大震災以降だ。「日本よ、ガンバレ」というような鼓舞の気分が、次第に日本はすごいのだという己《おのれ》への言い聞かせになり、さらには信仰のようになりつつあるように思う。

だが、「日本人」のアイデンティティが強調されるようになったのはもっと以前からで、まずスポーツの世界で選手たちを「サムライ」になぞらえることから始まった。ワールド・ベースボール・クラシックの侍ジャパン、サッカー日本代表のサムライ・ブルーなど、比喩はサムライ一色に覆われるようになった。

私がそのきっかけとして捉えているのは、二〇〇三年に公開されたトム・クルーズ主演のハリウッド映画『ラスト・サムライ』が大ヒットしたことである。この映画以降、日本中で、自分たちをサムライ視するイメージや言葉が爆発的に広がっていった。

私の目には、アメリカ人から「お前たちはサムライだ」と言われて、にわかに「そっか、自分たちはサムライだ！　だから強いんだ！」と言い出したように映る。大半の日本の住民は、武士ではなく百姓の子孫であるはずなのに。

その武士のイメージが、イメージではなく本物だと思われ、ブームを起こしているのが大相撲である。中学生のころから大相撲ファンだった私からすると、このブームの内実を見るにつけ、本当に相撲好きが増えているとも言いがたい面があり、なかなか共感しにくい。

「日本人力士」が背負わされるプライド

場所中の国技館などに足を運べば、このブームの原動力を肌で理解できる。声援の多寡《たか》を決めるのは、「日本人力士」であるかどうかなのだ。この傾向は徐々に目につくようになり、二〇一六年にことさら強まった。その理由は、その年の初場所で、大関・琴奨菊《ことしょうぎく》が「日本人力士（日本出身力士）」として一〇年ぶりの優勝を果たしたからだ。

なぜ、あえて「日本人力士」とカギカッコをつけるかというと、モンゴル出身の旭天鵬《きょくてんほう》は現役中に日本国籍を取得し、二〇一二年に日本人力士として優勝しているからだ。彼を日本人にカウントしないのであれば、法治国家の日本において誰を「日本人」と呼ぶべきなのか、決められなくなる。その結果、「日本出身力士」という苦しまぎれの表現もひねり出されたりした。

琴奨菊の優勝により、今度は「日本人横綱」の誕生が期待されるようになった。貴乃花《たかのはな》が二〇〇三年に引退して以来、「日本人横綱」も不在なのだ。残念ながら琴奨菊は綱取りに失敗したが、今度は横綱級の力を持つ大関の稀勢の里《きせのさと》に、とてつもない期待がかかるようになっていった。

こうして二〇一六年は稀勢の里ブームに沸くこととなった。しかし、稀勢の里は横綱昇進の条件をそれまでより緩くしてもらうという特別なチャンスももらいながら、綱取りはおろか、優勝さえできなかった。ライバルであるはずの「日本人」大関・豪栄道《ごうえいどう》にも、初優勝で先を越されてしまった。

稀勢の里のメンタルの弱さのせいといってしまえば、そのとおりだ。だが、稀勢の里は、歴代の大関が背負ったこともないプライドを負わされることになったのも事実だ。「日本人」という、実体のはっきりしないプライドを。

稀勢の里が、白鵬を始めとするモンゴル出身の横綱勢と当たると、館内では圧倒的に稀勢の里に応援が集まる。中には「日本人力士がんばれー！」という、差別そのものの声援まで多数飛ぶ。

純血を求める「国威発揚」の場に

二〇一五年あたりから顕著になった応援の一つに、手拍子がある。

これまで相撲では、個人がひいきの力士の名を呼んで応援するのが流儀だった。ところが、他のスポーツで見られる「日本、チャチャチャ」のような、館内中が力士の名を呼んで手拍子を打つという応援がいつの間にか広まり、定着していった。

私は非常に違和感を覚えた。個人対個人で勝負する相撲は、応援するほうも個人であるべきだ。集団で威圧するのは、感じがよくない。ましてそれが、相手がモンゴル人力士だから、という理由で行われるのであれば。

この手拍子は、モンゴル人力士に対してはまず起こらないのだ。「日本出身」の人気力士か、モンゴルの横綱と対戦する日本の大関陣に対してのみ、起こる。

稀勢の里はこの手拍子の重圧に負けたようなものである。象徴的だったのは二〇一六年の九州場所初日で、稀勢の里にとてつもなく盛大な手拍子が起こったときである。ガチガチに硬くなった稀勢の里はいきなり負けた。

その場所の稀勢の里は負けが込み、優勝は日に日に遠のいていく。すると、手のひらを返したように手拍子は消えた。そして、序盤は何の期待もされなかった豪栄道に優勝の芽が出てきたとたん、まるでそれまでも主役だったかのように分厚い手拍子が送られた。

これらの現象を見てわかることは、大相撲はまさに「日本スゴイ」を感じるために、人気が急上昇したということである。「日本人」のスゴさを感じられそうな力士を応援し、日本を応援する集団と一体に溶け合って陶酔したいのだろう。なぜなら、相撲は「国技」だから。

相撲の存在を実証的に検証した名エッセイ、髙橋秀実氏の『おすもうさん』（草思社）によると、相撲が国技とされたのは、明治期に相撲専用の体育館を作るにあたり、名前をどうするかということになって、「国技館」と名付けたことが始まりだそうだ。国技館で行うから国技である、と。それ以前に相撲が国技と称された文献はないという。

しかし、戦争期になると、相撲は武士道の精神を体現した国技として称揚されるようになる。このときに、武士道の延長としての伝統競技というイメージが作られた。だが、現代の相撲の起源は芸能であって、つまり被差別民の文化であって、侍文化ではない。

元来、あぶれ者や経済的に厳しい家の体の大きな子どもが、半ば身売り同然に預けられ、興行を行ったのが相撲。だから、さまざまな事情を抱えた者やルーツの者が集まる場だった。今は、モンゴルを始め世界中から一旗上げようという者が一堂に会している。
その相撲がいつの間にか、純血を求める国威発揚の場に変わろうとしている。恐ろしいのは、この線引きはごく自然なことであり何もおかしいとは感じない、という人のほうがもはやマジョリティとなっていることだ。それが今の日本社会の反映であることはいうまでもない。

「現代ビジネス」オンライン　2017年1月13日

イントロダクション2

一瞬の共同性を生きる

生まれ変わったら一度は相撲取りになってみたいし、新潮社の入社試験で書いた作文も相撲の立ち合いについてだったし（落ちたけど）、人生で初めて文学賞に応募した作品も相撲小説（第5章参照）だった私が今気になっているのは、相撲の本場所での応援が、コンサートのアンコールみたいに変化してきたことである。「豪《ごう》、栄《えい》、道《どう》！」とか「稀《き》勢《せ》、の、里《さと》！」といったリズムで力士の名を呼びながら手拍子を打つのだ。このような応援の仕方はこれまでの大相撲の歴史には存在せず、相撲の応援といえば、ひいきの力士の名を館内によく響かせる声で叫ぶのが名物だった。声援は、集団ではなく個人単位だった。

数年前から沸き起こった相撲ブームとともにこの応援は発生し、広まっていき、定着しつつある。私みたいなそれ以前からの相撲ファンはたいてい眉をひそめているが、また、力士からも立ち合い前には集中が削がれるので静かにしてほしいとのお願いがあったりしているが、それはそれとして、時代とともに応援のスタイルなどその競技の文化が変化するのはありうることだろう。

でも、変化には理由がある。私はそこが気になる。

毎場所、毎日、テレビの大相撲中継で手拍子を聞いているうち、私は何かに感触が似ているなと思った。やがて、はたと気づいた。サッカーの日本代表の試合後などに、東京・渋谷のスクランブル交差点で見られるハイタッチである。私はあれを見るたびに、公共空間でも弾けてよいというお祭り騒ぎを、日本の人たちはすさまじく渇望しているんだなと感じる。そして、寂しいんだな、とも。

ひとことで言えば、一体感に飢えているのだろう。一体感に飢えているのは、日常が孤独だからだろう。つまり居場所がないのだ。あるいは、所属する場はあっても、そこに過不足なく自分が収まっていると思えないのだ。浮いている、外れている、はみ出している、蚊帳《かや》の外、いてもいなくても同じ、存在感がない、微妙に無視されている、つきあいは表面的で理解し合っているとは言いがたい。そんな疎外感を常日頃からどこかに抱えている。

だから非日常の場で、日常とはまったく違う人とのつながりを求めたくなる。力関係や利害関係から解放された、無礼講的な水平のつながりを。その機会の一つがスクランブル交差点でのハイタッチであり、大相撲観戦での手拍子であり、バレーボールなどでの「日本、チャチャチャ」の応援なのかもしれない。

それだけではない。二〇一五年の安保法案反対のデモが盛り上がったのにも、その側面があると思う。昨今の政治の言説はしばしば、マイノリティを傷つける暴力性を帯びており、そのたびに傷つき、孤独感を募らせる人は多いだろう。私自身もそうだ。

それがデモに行けば、そのような言葉に抗議しようという人たちばかりだから、傷つかないという安心感があるし、孤独も癒される。まわりに同調しなくても理解し合えるのだという、共同性の感覚をもたらしてくれる。ヘイトスピーチに反対するカウンター行動に参加すれば、まさに言葉の暴力で精神に重傷を負わされた人たちが何人も、それでも暴力を止めるという意志を露わにしている。同じ暴力を受けた当事者同士の関わりには、存在の根源を肯定し合える共感という、かけがえのない薬が含まれているだろう。

けれど、暴力を振るう側のデモや集会にも、おそらく同じ要素がある。暴力を楽しむために来ている者も少なくないだろうが、多くの人は最初は、孤独を癒す居場所を求めて、つまり承認欲求を満たしてくれる場として、ヘイトをする集まりに加わるのではないか。

そうして共同性を感じられる非日常の場に何度も参加するうち、それは非日常から次第に日常へと変わっていく。大相撲観戦だって、仮に毎場所毎日のように国技館へ通えば、それは日常になり、ちょっとした主《ぬし》の気分になってくる。デモも、いつも参加するうち顔なじみができて、仲間となり友だちとなり、そこでこそ「本当の自分」を感じられる居場所に変わっていく。

この感覚を否定することは、誰にもできない。私たちは、たとえそれが大自然とか動物相手であっても、何らかの所属意識を持たずには生きられないのだから。

共同体の物語

しかし、そこに所属しているという意識から、そこを自分が所有しているという意識に変わったとき、共同性は排他性へと変質する。つながりを持てることが喜びだったのに、どこまでが仲間かという線引きが始まるのである。

そのときに、共同体の物語は、排除の言葉として機能しだす。例えば、こんなにも不当に虐《しいた》げられた人間たちの本当の声を理解しない者は敵だ、というように。

共同性が生み出す物語は当初は、言語化できない経験を言葉にしたものとしてスタートする。語るのがつらい苦しみや傷、大災害や過ちの引き起こした事件などの記憶を、分かち合う言葉として、絞り出される。そこには、負の感情を共有することで中和する役割がある。けれど、それが繰り返し語られ、半ば自動化された物語となるに従い、その物語を共有しない者へ、排除の牙を向け始める。

反安保法案であんなに共感しあったのに、原発再稼動には反対じゃないなんて、裏切り者だ。日本代表チームを応援しているのだから、中国や韓国の横暴を許さないのは当然だろ。等々、踏み絵のような線引きがエスカレートしていく。この共同体は自分のものであるという所有の意識は、自分の考えこそがそこでは正義で、反対する者は出ていけ、という暴力性を生み出すのである。

どんな集団や仲間内でも、共同体には必ず、この「つながりの喜び」である所属意識と「裏切り者の排除」である所有意識の両方が働く。共同性の裏側には、もれなく排他性がくっついてくる。まずは共同性が人々を結びつけ、それが固定化してくると排他性が人々を切り捨て始める。これを免《まぬが》れる共同体は、基本的にはありえない。そしてその推進力であり正当化をするのが、共同体の物語である。

相撲の例で言えば、現在の相撲人気は、直接的なきっかけとしては遠藤《えんどう》の登場から始まった。その姿形の美しさから、特に「スー女（相撲女子）」と呼ばれる女性の相撲ファンが爆発的に増えた。ところが、横綱・白鵬《はくほう》が大鵬《たいほう》の三二回の優勝記録を塗り替えるという歴史的偉業が達成されるころになると、一部の観戦者の間でアンチ白鵬の空気が強くなっていった。そしてそれは、アンチ・モンゴル系力士のムードへ飛躍し、「日本人」力士の優勝を待ち望む空気に変わり、それが二〇一六年の大関・琴奨菊の優勝で実現されると、今度は「日本人」横綱誕生の期待に昇華する。この空気は常に、モンゴル系以外の力士を応援するという具体的な声援となって現れる。それが、冒頭に述べた手拍子となる。モンゴル系力士が手拍子で応援されることは滅多にないことから、この声援にバイアスがかかっていることは確かだ。

相撲ブーム以降に相撲観戦に来た人たちは、館内の手拍子の盛り上がりに包まれて興奮して、さしたる差別意識もなく、なんとなくまわりと一緒になって手拍子を打っているだけかもしれない。けれど、それが排除の線引きを作り出しているのだ。この傾向を批判する声を聞くと、「ここは（自分たちの）日本だ」と答える。そして相撲がいかに日本の伝統で神事であるかを説く。それまでは存在しなかった、排他のための共同体の物語が、いつのまにか自然なものとして作り上げられているのである。相撲ブームがそもそも、この数年に顕著となった和ブーム、日本礼賛の風潮に乗ったものであるから、この方向へ進むのは必定《ひつじょう》だった。

言葉にならない言葉を聞く

物語を共有して、自分を偽らずにいられる居場所を獲得した。でも、その居場所が暴走を始めて、物語の解釈がどんどん変わって、厳しい資格審査を始めた。その結果、誰もが物語に合わせて自分を偽り、資格を証明するために排除に加担することを強いられる。そんな暴力を、どう食い止めたらいいのだろう。

所属意識がその人のアイデンティティに深く根を下ろし、共同体の物語にその人個人の物語が乗っ取られてしまうと、人はその物語に依存するしかなくなる。もはや自分個人の物語ではないのに、その物語に疑問を挟む者をまったく許せなくなる。

共同性もアイデンティティも民族さえも、物語を介して作られる。どれも言語で作られたフィクションなのだ。けれど、私たちはそのフィクションなしでは、生きられない。少なくとも、社会的な生活は送れなくなる。

私たちは言語で作られたフィクションによって心を形成すると同時に、そのフィクションに縛られながら生きている。だから、文学が存在する。

私の考えでは、文学とは、言葉にならないことを言葉だけで表現するメディアである。また、使いすぎて定型化し空虚になった言語を更新し、新たな意味を発生させる、真剣な遊戯でもある。

先ほど述べた、苦しかったりつらかったりして意識化できない自分の感情や経験を、なんとか言葉にして自分個人の物語とするのは、言葉にならないことを言葉だけで表現するという文学の役割だ。自分がようやく実感の持てる言葉で自分の何かを表現できたとき、それはすべて文学である。自分個人の経験だけではない。そうして絞り出された他人の言葉を聞き、それを文字の物語に変えていくのも、文学だ。自分と他人の、言語化できない記憶や感情を言葉で物語化し、お互いにその物語を受け止め合ったとき、初めて共同性が生まれる。

けれど、それが語り続けられていくうちに形式化し、細部も耳当たりのよいように変容し、巷にあふれる既成の物語と似てくるとき、その物語は個人の物語であることをやめ、公の物語として排他性を発揮し始める。形式的な規則で人々を取り締まる警察みたいになっていく。

それを解体するのが、また文学である。個人の物語を作っておきながら、それが固定化しようとすると、自ら壊そうとする。物語が公のものとなって、権力を持ち始めるのを、阻止する。文学は物語に共同性を与える力でありながら、その共同性を批判する存在でもある。つまり文学とは、永続する共同性ではなく、一瞬の共同性だけを生きる言語なのだ。だから常に更新されうる言語で書かれている。読まれる瞬間ごとに、その現在を生きる言葉となる。

常に現在であるとは、常に新しいとも言える。過去の記憶が、今現在の、新しい記憶として体験される。だから、いつでも見慣れない光景が広がる。なぜならそれは、更新された、個人の、言葉にならない言葉で書かれているのだから。それを受容したとき、新しい共同性が一瞬、生まれるのだ。

そのために文学が必要としていることは、物語が個人の言葉でできているのか、公の言葉にすり替わっているのかに敏感であること。そして、現場でたくさん表されている、言葉にならない言葉を、虚心に聞くこと。まずは自分の中の言葉にならない言葉を聞き、そしてそれが言語化できたら、今度は他人の中の言葉にならない言葉を聞く。その言葉の交換が、共同性の喜びを可能にする。

私が思うに、日本の文学は、自分の中の声にならない声を聞くことには長けているが、他人の声なき声を聞くことは苦手である。自分の声だけを聞いて個人の物語を作ることは、スタートにすぎない。他人のそれを聞いたとき、共同性は相互のものとして発動する。それを欠いていると、独善に陥っていく。自分の声の物語を聞いてもらえる場を、自分の所有する共同体と勘違いする。意識しないうちに、自分の物語を公のものに変え、世のより大きな公の物語の排他性に加担してしまう。私はそれが、私小説的風土の中で、戦争を賛美する作家を大量に生み出した一つの原動力だと考えている。そして今は、同様のメンタリティが日本の文学の多くの書き手たちを覆っているように感じる。

私が文学に政治を持ち込む必要があると思うのは、文学がさまざまな言葉にならない言葉をどこかで置き去りにして、自分たちの思い描く文学の永続する共同性の中に引きこもろうとしているからだ。それは結局、公の物語の暴力に、沈黙することで力を貸すことだ。言葉を批判するのは、文学の存在意義である。私は、文学を機能させ、集団の物語の暴力の邪魔となるために、現場に出て一瞬の共同性に身を晒し続けたい。

「新潮」2017年1月号

第1章

曙貴時代の空気を振り返る

大相撲と私

相撲が私の中に深く根ざしていて、どのスポーツよりも私は相撲をわかっているのだということを、ある種の諦念《ていねん》とともに自覚したのは、二〇一四年の九月場所に再び大相撲を見るようになったときだった。「諦念」というのは、私はもはや大相撲ファンではなく、サッカーフリークだったので、サッカーこそを一番理解しているはずだと思っていたのに、相撲を見たとたん、ほぼすべての取り組みで勝負の細かなあやを読み取ることができ、自分の能力に驚いたのだ。そして、サッカーでは、どれほど集中して観戦しても、そこまで深く試合を読み取れないことを思い知らされ、自分の中に最も根づいているスポーツは相撲であると悟るほかなかったのである。

相撲がそこまで深く私の一部になっているのは、単純に、子どものころから一番熱心に見ていた競技だからだ。いわば、物心のついたスポーツが相撲だったわけだ。祖父と会話するために一緒に見ているうち、自分も熱中し始め、本格的にのめり込んだのが一三歳のころ。まだ北《きた》の湖《うみ》が全盛で、いわゆる輪湖《りんこ》時代の終盤だった。そして横綱以上に、初代の貴《たか》ノ花《はな》や高見山《たかみやま》が人気者だった。

私はまずは漠然と、輪島《わじま》や貴ノ花のファンになり、その後に朝潮《あさしお》も応援したが、本当に心を込めてその力士の勝敗に毎日感情を振り回されるようになったのは、花乃湖《はなのうみ》という秋田県出身の花籠《はなかご》部屋の力士が登場してからである。千代《ちよ》の富士《ふじ》が猛スピードで横綱へと駆け上がっていった後、苦手とする力士が二人いて、一人は隆《たか》の里《さと》、もう一人がこの花乃湖だった（今調べたら、花乃湖が千代の富士に勝ったのは二回だけだったが、その技能派の相撲で、千代の富士に限らず上位陣をいつも苦しめていた印象がある）。

前さばきのとてもうまい、玄人好みの力士だった。今でいえば遠藤に近い取り口である。そう、私は玄人好みの、相撲のうまい力士に惹かれるのだった。

貴乃花時代

その私の好みが完璧に満たされた力士が、横綱・貴乃花だった。私が大学を卒業して社会人となったのが一九八八年四月。当時の貴花田《たかはなだ》は、そのひと月前に初土俵を踏んでいる。以来、私は貴乃花とともに生きてきた。

貴乃花は頑固だった。今の遠藤や稀勢《きせ》の里《さと》以上の人気でブームを起こしながら、相撲に取り組む姿勢はストイック極まりなかった。命を相撲のために捧げており、同年代のまわりの力士にさえなじもうとしなかったほどだ。基本に徹底して忠実で、とにかく前に出て絶対に引かない。集中を切らすことがない。

私は新聞社に入って記者をしていたものの、自分はやはり文学をする人間だと確認でき、会社を辞めて文学に戻ろうと決めた。その決断にも、貴乃花の相撲に対する姿勢からの影響があった。あのように一途に貫いていけば、道は開けるかもしれない。開けなくても、一歩を踏み出しできる限りの力を注いでみないことには、人生が終わるときに後悔する。貴乃花が貫いているのだから、自分も大丈夫だ。

まるで占いのお告げのように、貴乃花の相撲を見ては、己の運命を信じ、気持ちを高めた。貴乃花の相撲は、私にとって、相撲の理想の体現だった。伝説の双葉山《ふたばやま》にしかできなかったと思っていた相撲が、貴乃花によって実現されつつあった。

私が本気で文学賞に応募し始めた一九九四年から、受賞した一九九七年の間は、まさに貴乃花の全盛期だった。曙《あけぼの》と優勝をかけての横綱決戦は、なんと一四回にも及ぶ。毎回凄まじい対決だった。その度に私は「貴乃花占い」にのめり込んだ。貴乃花が曙に勝って優勝すれば、自分も間違いなく受賞に近づく。曙が勝って優勝すれば、私は苦境を耐えなければならない。そこで腐らず諦めず、続けられるかどうか、それは自分にかかっている。年齢も三〇歳を超えたのに、アルバイトと少しの翻訳をしながら、どうなるかわからない小説を誰にも言わずにこっそり書いていて、人生の先は見えない。貴乃花とは、文学に対する自分の決断を自分で信じるための、お守りだった。私は浦和レッズの「ファン」であって、レッズに人生を懸けてはいないという意味ではとても「サポーター」と自称できないが、相撲ではまごうかたなき貴乃花サポーターだった。私は貴乃花に人生を懸けていた。だから敬虔《けいけん》なサポーターの気持ちはよくわかる。韓流ファンが人生を懸けて好きなスターを応援する気持ちも、たぶんわかる。

貴乃花が苦境に陥るのは、一九九八年あたりからである。巨漢化時代に対応して、武蔵丸《むさしまる》や曙の立ち合いをどしっと受け止めるべく、体重を強引に増やしたことが、原因の一つとされていた。背筋、内臓に故障を抱え、一九九九年から二年以上、優勝から遠ざかることになる。

そのころ、私は新人作家として、書き続けられるレベルに到達しようと必死だった。私ががんばって次の作品を書き上げ単行本として刊行してもらえれば、貴乃花も復活できる、と信じた。私の苦しい時代を支えてくれた貴乃花に恩返しをする時なのだ、と勝手に思っていた。

すべてのスポーツはフィクションである

二〇〇一年に貴乃花は復活優勝を遂げる。強かった。完璧だった。これから第二の全盛期が来ると思った。だが、次の優勝は、怪我を押してのあの武蔵丸との大一番だった。

あの優勝のときの私の矛盾した引き裂かれそうな気持ちは、誰にも共有されないし、できない。これは説明不能だ。嬉しいのとも違うし、感動とか安易なものではない。換えのきかないカタルシスであるとともに、深い絶望でもあった。

人生を懸けて貴乃花のサポーターを続けることは、とても孤独であった。貴乃花自身が究極の孤独の中で相撲を取り続けていて、そこに共にあろうとすれば、自分も孤独になるしかないという厳しさがあった。わずかに、あの孤独を理解し共有していた力士は、曙関だっただろう。曙は引退したばかりのころ、貴乃花への思いをことあるごとに口にしたが、それは私を涙ぐませるほど深い友情に満ちたものだった。フィギュアスケートの浅田真央のことを語るキム・ヨナのように。

もう一つは、宮沢りえ事件によるダメージである。まだ十代の女優との破局事件により、貴乃花のイメージはそれまでのストイックで純真なものから、汚れたものへと一変した。エゴイストで情がなく、何を考えているかわからない冷酷漢になった。一般の人気は地に落ち、以後、家族をめぐるスキャンダルにまみれていくことになる。貴乃花の所属していた二子山《ふたごやま》部屋まで、悪く言われる始末だった。

そんな中で、貴乃花のファンであることを公言すると、「なんであんな人非人の肩を持つのか?」と、こちらまで侮蔑の目線で見られた。土俵外での貴乃花については、私も本当はひどく失望していたので、苦しかった。けれど、土俵上での横綱・貴乃花に感じる魅力はいささかも曇らなかった。分裂した気分のまま、私はスポーツというのはフィクションであり、フィクションであることを意識に留《と》めながらのめり込むべきである、と思うようになっていく。私が応援しているのは、横綱・貴乃花というフィクションの存在なのであって、その人の私生活《リアル》と混同するつもりはないのだ。むろん、そんなにはっきりと分けられるものではないことは重々承知しており、だから私はいつも重苦しい思いを抱えながら、貴乃花サポーターでいたわけだ。

怪我を押しての壮絶な優勝により、貴乃花のそんな過去は忘れられるようになっていった。それまで貴乃花を毛嫌いしていた人たちが、小泉首相の「感動した！」の絶叫に魔法をかけられたかのように、貴乃花を賞賛していた。あの時ほど私が孤独を感じたことはない。

文字どおりわが人生を託して信奉してきた貴乃花が二〇〇三年に引退したとき、私の中で相撲自体が終わった。相撲は好きだし、見ればいくらでも見続けてしまうだろうけど、それまでのような敬虔な気持ちで相撲に加担することはできなかった。だから、貴乃花の引退とともに、私も相撲ファンを引退することに決めた。

以後も、たまにニュースで取り組みを見たりはしていたが、自分も相撲を支える一員である、という使命感みたいなものは、もうなかった。今の相撲に対しては今の相撲ファンが責任を担うべきだ、と思っていた。だから、朝青龍《あさしょうりゅう》の問題がいろいろと起こっても、関心がなかった。

やがて二〇〇七年から、相撲界を揺るがす事件が毎年相次ぐようになる。

ざっと並べてみると。

2007年　時津風《ときつかぜ》部屋で暴行死事件。この後も、各部屋の暴行事件が相次いで発覚。
朝青龍が休場中にモンゴルでサッカーイベントに出場していたことが発覚、二場所の謹慎処分。

2008年　ジョージア（当時はグルジア）出身の幕内力士・若ノ鵬《わかのほう》が、大麻所持で逮捕。解雇される。

これを受けて、抜き打ちの尿検査を力士に行ったところ、同じくジョージア出身の幕内力士・露鵬《ろほう》、白露山《はくろさん》の兄弟が陽性反応。解雇。

2009年
関取の若麒麟《わかきりん》が大麻所持で逮捕、解雇。

2010年
朝青龍が場所中に泥酔、記者を殴る。直後に引退する。
木瀬《きせ》親方が、懇意にしていた暴力団組員に維持会員席のチケットを手配していたことが発覚、部屋の取りつぶし。所属力士は北の湖部屋へ（二〇一二年に処分解除で、木瀬部屋は復活）。
大関・琴光喜《ことみつき》の野球賭博が発覚、角界で力士、親方を含め大量に賭博に関わっていたことが明るみに。琴光喜と大嶽《おおたけ》親方（元・貴闘力《たかとうりき》）が解雇。賭博を薦めていた側も力士や床山で、角界を去った。

2011年
賭博問題で警視庁が力士の携帯を調べていたところ、八百長の相談のメールが多数見つかり、これを発表。相撲協会が外部の調査委員会を設けて調べ、十数人の力士（現役・すでに引退した力士も）が八百長に関わっていたと認定されて解雇される。この調査にまた問題があり、無実を主張して裁判に持ち込んだ蒼国来《そうこくらい》が勝訴、二年後に角界復帰した。

白鵬とともにある

私には驚きはなかった。自分たちの世界に閉じこもり、その基準がすべてだと思い込んで、外部からの批判にまったく耳を貸してこなかった日本相撲協会が、このような状態を招いたのは、自業自得だった。相撲協会が自分たちの欠点を直視して、現代の基準に合うように改善しようという気にならない限り、これは変わらないだろうと思った。

二〇〇七年といえば、白鵬《はくほう》の全盛期がスタートした年でもある。前年、初優勝を遂げた白鵬は、この年、横綱に昇進、四回の優勝を飾った。以後、八百長問題で本場所が中止となるなど存続の危機にさらされた二〇一一年まで、白鵬の優勝は最低でも年三回を下ることはなかった。客からそっぽを向かれ、メディアからは叩かれ続け、中堅力士が大量に追放され、ともすれば力士のモチベーションが低下しそうな中、土俵のレベルを高く保ち続けたのは、白鵬と朝青龍の両横綱だった。朝青龍は自分がトラブルの種にもなったけれど、青白《しょうはく》時代を築いて土俵を盛り上げた大黒柱であった。

遠藤が入門してデビューし、旋風を巻き起こしたのは二〇一三年。そのころから女性ファンが急速に増え始め、相撲の人気が復活してきた。そして二〇一四年には白鵬が千代の富士の優勝回数三一回に並び、さらに大鵬の三二回に追いつく。私が突然相撲ファンに復帰したのも、この年である。

二〇一四年秋場所前に、白鵬が千代の富士に並ぶかどうか、と報道されているのを見て、私は白鵬がとうとうそこまで来ていることを初めて知ったのだった。貴乃花が達成できなかった以上、生きているうちに大鵬の記録が破られることはないと思い込んでいたので、驚愕した。それで、白鵬の相撲を見てみた。まさに私好みの、相撲の極意が詰まった相撲だった。貴乃花とはまたタイプが違うけれど、自分が若いころに白鵬と出会っていたら、貴乃花に人生を懸けたように、白鵬に人生を懸けたかもしれないと思った。この横綱が大鵬の記録を抜くことに静かな興奮を覚え、じっくり見届けようと決め、本腰を据えて相撲ファンに復帰することを宣言した。そうして、冒頭のような現実を知ったのである。

以下、貴乃花サポーターだった私のブログから、当時の相撲を包む空気を振り返ってみよう。まだ、現在よりは差別が見えにくかった、曙貴《あけたか》時代の黄昏《たそがれ》時を。

2000年1月23日　初場所千秋楽

関脇・武双山《むそうやま》が初優勝した。この関取はこれでもう精一杯だろうと思っていたから、少々驚いた。本当に強かったのである。

私はかなり頑固な相撲愛好家である。一三歳のころに部屋の掃除をしながら北の湖と輪島を見て以来、取り憑かれた。

魅力はいろいろあるが、一つは立ち合いだ。相手のある競技で、当事者同士がスタートを決める競技など他にあるだろうか。誰が「始め」というわけでもなく、お互いの息が合ったら競技を開始する。しかもそのタイミングが勝負の重大な鍵を握っている。相争う競技者同士が、最も大切なことを決める権限を持っているのである。

そんな私に、人は八百長の競技を見て何がおもしろいのか、ということを言う。今場所も板井《いたい》の発言がショックをもって迎えられた。だが、その人たちはわかっていない。私は彼らより相撲をずっと長い間、詳しく見ているのである。八百長の存在ぐらいわかっているし、すべての八百長を見抜けるわけではないが、絶対八百長でない相撲は見抜ける。そしてそのような相撲は間違いなくおもしろい。野球に疎い私は、ピッチャーの投げた球を見ただけではコースも球種もわからないが、同様に普段相撲を真剣に見ていない者に、それほど勝負の綾なり弛緩なりがわかるとは思えない。わからないから、つまらないのだろう。つまらないから、悪い面が嬉しいのだろう。

別に私は日本相撲協会支持者ではない。あの団体が大変問題含みであることも重々承知している。協会の体質と運営内容と八百長は、もっと糾弾されればいい。

しかし、相撲という競技の魅力はそれと無関係にある。私はそこにしか興味ない。だから、貴乃花ファンであることを公言してもいる。この事実もよく眉をひそめられるが、その人たちは貴乃花の相撲を除いた部分に眉をひそめているのであり、私は貴乃花の相撲にしか関心がないのだから、すれ違っている。相撲の魅力からすれば、貴乃花の相撲はあまりに美しく、一つの理想に到達していた。ここ数年は稽古不足と貴乃花自身の目標の誤り等により、それは消えてしまった。でも今場所からは貴乃花の目標が正しい軌道に戻ったので、本当に復活の兆しが見えてきた。

ちなみに私の好きな相撲解説者は、元横綱・旭富士《あさひふじ》の安治川《あじがわ》親方と、北《きた》の富士《ふじ》さんである。特に北の富士さんとは気が合う。

相撲のことを書くと筆（キーボード）が乱れてしまう。でも書いてすっきりした。

2000年3月13日　大阪場所2日目

相撲が始まった。今場所まず気になったのは、大関・出島《でじま》の鼻の穴。実に広くて深くて呼吸がしやすそうなのだ。よしんば花粉症で鼻がつまってもまだ隙間があって、息を吸うのに口を使わずに済むのではないか。羨ましい。

沈丁花は萼《がく》が臙脂《えんじ》色のものとクリーム色のものとがある。花が開くと、意外に早く香りは失せてしまう。近くの家の生け垣をなしているうす桃色のボケが、蕾を滴のように丸まると太らせている。そのうちいくつかはもうほころびている。この花は去年から好きになった。蕾は卵ボーローのようでもあって、おいしそう。

これからは小鳥にも詳しくなりたい。

2000年5月23日　夏場所後

やはり私は忙しいようだ。あんなに頻繁に日記を書いていたなんて、結構ヒマだったんだなあ。いまは午前四時過ぎ。外は明るみ、限りなく透明に近いブルーに近づいていく。この言葉を思うとき、村上龍の才能に脱帽してしまう。

午前四時に明るんでくると、どことなく気分が焦る。もう朝になってしまうのかという焦りもさることながら、夏至が着々と姿を現しつつあるという焦りである。夏至は切ない。最も日照が長い日でありながら、実は夏の前に位置しているのだ。夏の盛りの強い日射しを謳歌している最中、私はふと、それでもこの日光は夏至という絶頂期から比べたらもう衰えているのであり、ひたすら短くなっていくばかりなのだと思って、取り返しのつかない思いに駆られることがある。だから夏至は、もはや浪費し尽くされてしまった成長のエネルギーを、後戻りのできない地点から振り返る最後の日として、私の胸を締めつける。四時の空がコバルトブルーなのは、夏至が光を投げかけているからなのだ。

ちょっと遅くなったけれど、祝、小結・魁皇《かいおう》の初優勝。ここ五年ぐらい大関候補で、好きな力士なのにいつもがっかりさせられてもう期待しなくなったもののやはり見捨てきれなかった魁皇が、ついに優勝。しかし、来場所はいよいよ強い貴乃花の優勝のはずである。

ついでに批判しておくと、雅山《みやびやま》の大関昇進はとんでもない事態だ。何人、つけあがって堕落した大関を作れば気が済むのか。雅山は正しく鍛えれば鍛えるほど強くなる逸材なのに、逆に甘やかしたら終わりだ。貴乃花のときに思い知ったはずなのに。そもそも、場所中に急に昇進基準が下がるのがおかしい。武蔵川《むさしがわ》親方を見損なった。

注記・その後、雅山は八場所で大関陥落し、その後も再大関取りに失敗し続けた。

2000年7月21日　名古屋場所13日目

曙が優勝した。三年二カ月ぶり。最後の貴乃花ファンを自認する私は、いまだかつて一度も曙を応援したことはない。その私でも感動してしまうほど、見事な復活優勝だった。ハリボテ大関が居並ぶ中で、本当に強かった。どうせ、八百長だと言う連中が出てくるのだろうが、雅山に勝った瞬間の繊細な表情は演技でできるものではない。今場所は貴乃花の復活優勝を予知して夢も見た私には、休場はショックだったが、曙の復活は貴乃花の復活が近いことも示している。あとは今場所は魁皇の大関とりが成就することを願うのみ。

それと、今場所は新入幕力士が面白かった。まず、安治川部屋の安美錦《あみにしき》。とにかく、めっぽう弱そうなのである。体重は幕内一軽いし、では筋肉質かというとそうではなく、肩幅が狭くて情けないし、顔もひ弱な感じで、実に頼りない。それなのに取り組むと、うまくてしぶとくていやらしく、最後は勝ってしまう。インタビューでの妙にのんびりしてとぼけた調子など、師匠の旭富士譲りである。久しぶりに私の好きなタイプの力士が現れた。

もう一人は曙の弟弟子、東関《あずまぜき》部屋の高見盛《たかみさかり》。この人は挙動がおかしい。目が悪いのか、突然目を細めたかと思うと、今度は眉をぴっくりしたように上げて目を見開く。置かれている状況と表情が不一致で脈絡がなく、変な雰囲気なのである。塩の撒き方やマワシの叩き方も、どこかぎこちない。ところが彼も取り組みとなると、巧みに右を差し、結構強い力で引きつけて寄って、もう九勝もしている。個性的というより変人力士。

2000年7月23日　名古屋場所千秋楽

普段はラテンやタンゴや室内楽ばかりでロックはほとんど聴かないのだが、突然、レッド・ツェッペリンの「ザ・バトル・オブ・エバーモア」という曲を思い出し、無性に聴きたくなって古いカセットテープを引っぱり出した。ツェッペリンは高校時代によく聴いた。最初にメキシコへ行ったときも、また聴いた。引っぱり出してきたのは、そのときに買ったカセットテープだ。

あのころ（一九九〇年代前半）のメキシコの若い人たちに流れる反抗的な気分は、一九六〇年代から七〇年代のブルース系のハードロックがはらんでいたラディカルな楽観と合っていた。ドアーズも聴いた。一方で、コクトー・ツィンズにものめり込んだ。無意味な不条理な出来事がありふれる日常に穴が開き濃密な感情が噴き出す社会にあれば、音楽ももはや行きつくところまで行きついて機械的な形式とリズムだけに還元されるはずだと言わんばかりに荒涼としているのに奇妙な抒情が心を揺さぶるコクトー・ツィンズの音楽は、私に馴染んだ。

グアテマラへ向かう夜行バスの中で、山の端が深いピンク色に染まり夜が明けるのを、リズム・ボックスを使わずギターとエリザベス・フレイザーの声だけで作った「レイジー・カーム（けだるい静寂）」をウォークマンで聴きながら眺めたのを思い出す。ホンジュラスの山中、その先はバスのないどんづまりの村へ行く間、日が暮れていく真紅のゾーンを見ていたときも、そのアルバム「ビクトリア・ランド」は流れていた。あのとき、私はどこへ向かおうとしていたのだろう。

魁皇が大関確定。去年初場所の千代大海《ちよたいかい》以来、大関は乱発され、吹けば飛ぶような地位になり果ててしまったが、やっと本物の大関が誕生した。本当に強いのは魁皇だけ、他の大関は関脇クラス。雅山、栃東《とちあずま》はもう少し成長を待ちたい。

2000年11月11日　九州場所7日目

きのうはテレビの大相撲中継に、引退した琴錦《ことにしき》がゲスト出演していた。自身の体験から分析した各力士の特徴を、なかなか明快な語り口で解説していたが、その中で別格の扱いをされていたのが横綱・貴乃花だった。曰く、横綱は相手十分の型に組ませながらじわじわと勝ってしまう、どんなときでも前へ寄り切る・投げることにこだわり、相手の体勢が前に落ちそうでも引かない、少なくとも自分はここで叩《はた》かれたら負けるというときでも引かれた経験がない、大横綱ですよ、と。きょうゲストで出ていた元関脇・水戸泉《みといずみ》の錦戸《にしきど》親方は、「ねじ伏せる強さじゃなくて、相手に力を出させない強さ」と語っている。

実際にはたまに引いて勝つこともあるが、美しい相撲、奥の深い相撲、見ていてため息の出るような相撲をとれる力士は貴乃花しかいない。曙や武蔵丸も強いけれど、そこにあるのはパワー＋うまさであり、味わい深くはない。

これに対し、下位力士に立ち合いの変化で勝つ大関や横綱を、「こういうことも頭脳のうちですよ」みたいな言い方で平然と擁護する解説の三保ヶ関《みほがせき》親方（元大関・増位山《ますいやま》）、芝田山《しばたやま》親方（元横綱・大乃国《おおのくに》）のオポチュニストぶり、志の低さ、美意識のなさたるや、悲しくなる。

今場所の貴乃花は、一年ぐらい前から稽古をよくするようになった成果が出て、休場明けながらこの世のものとは思えないほどしなやかな足腰を見せている。

新しいところでは、琴光喜が面白い。蹲踞《そんきょ》の姿勢から立つときの様子が変だ。後ろに反り返るような姿勢で、出し抜けに背が伸びる。まるで、首根っこに操りの糸がついていて、引き上げてもらっているかのようなのだ。あの瞬間だけ機械仕掛けになるのだ。けれど立ち合いは低いから不思議だ。

2001年1月21日　初場所千秋楽

大相撲初場所、貴乃花が一四勝一敗で優勝。二年四カ月ぶりである。いまの私のこの気持ちは、ほとんどの人にはわからないだろう。

私にとって貴乃花という力士は特別なのだ。貴花田という四股名《しこな》で入門したときから、他の力士とは比べようがない絶対的な存在を私は感じた。相対的に強いのではなく、絶対的に強い横綱になりうるのは、私が死ぬまで大相撲を見続けてもこの力士だけだと感じた。おそらく、そんな力士は過去にも双葉山ぐらいだろう。千代《ちよ》の富士《ふじ》も北の湖も、当時では一番強い力士というだけだった。一三歳から大相撲を見続けている私の、生涯、唯一無二の横綱なのである。

だから私は、自分を最終的な貴乃花ファンと位置づけた。すべての人間が見放しても、最後まで見続ける者。貴乃花が引退して他にいろいろ魅力的な力士が登場しても、貴乃花ファンであることは消えない大相撲愛好家。

貴乃花はその後、さまざまな言動により、人として世の中から嫌われ見放された。私も、貴乃花ファンであることを公言するたび軽蔑された。「この人、実は人間的に問題があるんじゃないか」と人格を疑われた。人間である以前に力士である貴乃花のファンであれば、それも仕方がない。

今場所の貴乃花は、強く美しかった。相手を土俵の外に割り出す瞬間の姿勢は、相撲を取り見る喜びそのものだった。それでも、最終的なファンである分、徹底的に厳しくあろうと思う私は、本当に強い関取と当たらない限り、「復活」を安易に口にすることを控えたかった。武蔵丸だけがその相手にふさわしい。

優勝決定戦の一番は、歴代名勝負中の名勝負だ。どう分析してもしきれない、言葉で再現しようとしてもしきれない、奇跡だ。相撲を見てこんな気持ちになったのは、初めてである。奇跡に触れるとき、頭の中は無になる。私は、己を信じて貴乃花ファンであり続けたがゆえに、この奇跡に触れ得たのだ。大相撲全体はいまや退屈極まりないが、私は自分の僥倖《ぎょうこう》を喜びたい。

2001年5月27日　夏場所千秋楽

本当につらい土俵だった。見ているのが文字通り苦痛だった。土俵に登場した貴乃花は行司の口上を待つ間、下唇を突きだして、顔が痛みで歪みそうになるのを隠す。蹲踞の姿勢から立ち上がるたび、かすかに額にしわが寄る。その都度、こちらの息も止まりそうになる。膝に激痛が走るような気がする。きのうの大関・武双山戦で敗れ右膝を脱臼した時点で休場を決めてくれれば、こちらの心の整理もついたのに。

武蔵丸は、まだ駆け出しのころ、恩義を受けた先輩、小錦と当たると、急に腰が引けて弱くなってしまい、しばらくは勝てなかったという力士である。きょう、手負いの貴乃花を前に、決定戦でも明らかに困惑して力を出せなかった。それゆえ、八百長だと思う人もいるかもしれない。けれど私は、それでも全力で臨むという非情さに徹することができなかっただけだと思う。その心理は我われ凡人と同じものだ（たぶん相手が曙だったら、結果は違っていたはず）。

しかし、貴乃花には心理を超えた相撲だけがある。決定戦には相撲生命が終わることも覚悟で臨んだのではないか、とすら思う。きょうの貴乃花の凄みは誰が見てもたいていは感動するだろう。実際、総理大臣杯を受け渡しに来た小泉首相は彼らしく、賞状を読みあげたあと「痛みに耐えてよく頑張った！　感動した！　おめでとう！」と絶叫するという普通の興奮を示して、自分のイメージ強化にしっかり利用した。

だが、私にとっては貴乃花という力士を信じてきたことの総決算である。同じようなことを今年一月に貴乃花が復活優勝を遂げたときの日記にも書いたが、信じるという行為は、疑うという相対化を経たのちにもまだ残る絶対的なものを、無防備に受け入れることだ。私には、その長い間の信用が、深い絶対的な意味として輝いたかけがえのない瞬間だった。内容的には両者絶好調だった先々場所の武蔵丸との決定戦のほうが優れていたが、きょうの上手投げとそれが決まった刹那の仁王のようなこの世ならぬ形相は、私にとって相撲そのものの象徴となるだろう。

相撲を見ていて初めて敬虔な気持ちになった。

とはいえ、こんな気分はもう二度とゴメンである。

2001年11月17日　九州場所7日目

Jリーグ第2ステージ、鹿島アントラーズが優勝。パスをつないでいく現在の鹿島のサッカーは、スペインリーグの強豪のようで面白い。小笠原や秋田といった、トルシエとそりが合わないタレントのすごいプレーが見られるのも、鹿島戦だけだ。ライバルのジュビロは、イタリアのように堅実だが凡庸だ。

しばらく相撲を見ていない。いま土俵上で見られるのは、相撲ではないからだ。このレベルの肌の触り合いが続くなら、もう相撲はなくてもいい。

2002年1月27日　初場所千秋楽

今場所は久しぶりに相撲を見た（といってもここ数日の大関戦だけだが）。途中まで全勝の三力士は充実した土俵を務めていた。千秋楽の大関対決、栃東―千代大海戦の本割は、今場所を象徴するいい相撲だった。興奮はしなかったけれど堪能した。

だが、決定戦は思い切り白けた（栃東が立ち合いの変化で優勝）。まったく呆れた。栃東はつくづく退屈な力士だと思った。能力がそれなりにあるのは認めるけれど、見ているほうに日常感覚を破綻させるような衝撃をもたらすことはない。あの場面でもう一番、本割と同じ形で同じ相手を二度破ったとき、栃東自身が一ランク別の世界へ移動できるのではないか。見える世界が変わるはずではないか。オーラのようなものが芽生えるのではないか。そのチャンスを自分から捨てた栃東は、陳腐きわまりない限界を披露してしまった。またチャンスは来るかもしれないが、自分でチャンスを捨てた以上、それはもう別物だ。

貴乃花を除けば、私が凄みの片鱗を感じるのは琴光喜だけだ。その琴光喜は、昨日の武雄山戦での負けがたたって、今場所での大関昇進は見送られた。まったく正しい判断だと思う。琴光喜が将来、信じられない強さを見せる横綱となるためには、この程度の段階で昇進させては才能に失礼である。

2002年11月15日　九州場所6日目

大相撲の話を日記に書かなくなってから久しい。貴乃花のいない土俵は、中上健次のいない文学界のようで、単に支えがないというだけではなく、その弛緩ぶりは目を覆わんばかりであり、だから私は目を覆っていた。

先場所、貴乃花は七場所ぶりに出場したけれど、その土俵入りを見て私は無性に悲しくなった。それはもはやかつての貴乃花ではなかった。以前にも書いたかもしれないけれど、力士の素質は四股《しこ》を見ればわかる。貴乃花の四股は、あの大きな体なのに、膝と爪先がピンと伸びて頭の遥か高くまで上がるのが特徴だった。見ていても美しいだけでなく、それは膝や腰の強靭さ、しなやかさ、柔らかさを示して、相撲好きにぞくぞくするような期待をもたらす。四股だけでこれほど魅了できる力士は、私の知る限り、他には千代の富士ぐらいだった。

　ところが、先場所の貴乃花の四股は、爪先が頭を越えることがなかった。膝は曲がったままであり、膝の堅さで有名な武蔵丸の四股に似ていた。私は、もう貴乃花の素質は破壊されてしまったのだと思い、悲しくなったのだ。でも、それはあの相撲を自ら強行した結果なのだし、仕方がないとも思った。これで貴乃花が引退することになっても、私はそれを受けとめようと覚悟した。

　ただ一つ、心残りだったのは、私が秋場所の間、インドに行ってしまうことだった。その間に貴乃花が引退してしまったら、最後の相撲も見られない。

　しかし、ご存じのとおり、貴乃花はそれでも他の力士とは別の次元の相撲を見せ、最後まで武蔵丸と優勝を争った。この二力士だけが別格であることは誰の目にも明らかだったろう。貴乃花の最後はまだ先に延びたと私はホッとした。

　それにしても、先場所の貴乃花への熱い声援は何なんだろう。宮沢りえとの破局以降、貴乃花は常に憎まれ続けた悪役であり、そんな人間が相撲を取っているから大相撲などくだらない汚れた競技で、早く土俵を去ればいいのだ、といったムードが蔓延していた。私が貴乃花のファンであることを公言すると、私まで人格に問題があるかのように問い返されたりした。貴乃花という人間はおそらくあのときから特に変化はしていない。それなのに、去年初場所の小泉「感動」優勝から先場所にかけて、すっかり惜しまれる人に変化している。

日本の浮き世の人間たちが軽薄で、変わり身が早く、常に本質と責任から無縁でいたがることは承知しているが、それでもいい人面《づら》してにわかに貴乃花を応援している連中を見ると虫酸が走る。

結局、この九州場所を貴乃花は休場した。あの膝はもう治らないどころか、相撲を一番取れば力士生命が一〇〇日縮むというような、「恐怖新聞」状態だろう。曙の引退のころを思い出す。

私はやはり、貴乃花の最後の相撲は見られなかったのかもしれない。いま、土俵に上がっている力士では朝青龍だけには相撲を感じるけれど、私の相撲との関わりのピークは終わった。一三歳から続けてきた大相撲ファンを、もう辞めるかもしれない。

2003年1月19日　初場所8日目

大相撲。私に覚悟はできている。おととしの五月場所、膝の脱臼を押して千秋楽に出場した時点から、覚悟はできている。誰に何と言われようと私が大相撲ファンであった時代は終わろうとしている。私にとって同時代の真の横綱は、ただ一人である。

2003年1月20日　初場所9日目

貴乃花引退。

覚悟はしていたが、さまざまな思いが去来し、心は乱れ、それから脱力、放心してしまった。今日は何をしても、力が入らない。私は今いる場所にいない。

私が大学を卒業し社会に出るとき、貴乃花は相撲界に入った。以来、私は自分の命運を貴乃花の相撲と重ね合わせて生きてきた。貴乃花の可能性は、私自身の可能性だった。特に、会社を辞め、留学から戻り、職も身分もなく厳しかった時代、貴乃花の妥協のない、志の高い相撲は私の支えだった。

もちろん、相撲の外にも人生はある。その人生はさまざまな人間に支えられており、それより相撲が優先するという貴乃花の生き方が許されるべきなのかどうかは、わからない。というか、自戒を込めて言えば、それは批判されるべきことだと思う。

けれど、私が自分の命運と重ねていたのは、貴乃花という人間の生き様ではなく、なかばフィクションでもある貴乃花の相撲そのものであった。貴乃花が、相手に相撲を取らせ、相手に実力を発揮させ、それでも自分が勝ってしまうという相撲のあり方、双葉山以外の誰も達していないほとんど未知の領域にただ一人進んでいくとき、私も自分の運は開けるかもしれないと思うことができた。この関係は根拠のないものだけど、私には自分についてそう思えることが重要だった。何ごとにつけ記憶力が持続しない私は、貴乃花の取り組み内容はほとんど忘れてしまっているけれど、局面局面での祈るような気持ちははっきりと残っている。
私が一〇年近く前、初めて文学賞に応募した作品(落選)は、相撲小説だった(第5章参照)。

2003年1月22日　初場所11日目

いちいち目くじらを立てても仕方ないが、村上龍氏がメールマガジンのエッセイ「Physical Intensity」で書いていた貴乃花についての感想は、いささか軽薄な印象を与える。二年前に、膝の怪我を押して優勝決定戦に出場したことを批判したメルマガのエッセイを読んだときも、なぜサッカーについては奇跡を口にできる人間が、あれほど良識派のような凡庸なことを言うのだと非常に不愉快だったが、それをさりげなく軌道修正するかのような今回のエッセイも、相撲をダシに自説を繰り広げているだけの印象しかなかった。

彼が、プロフェッショナルとしての「ファースト・プライオリティ」や「インテンシティ」をプレイヤーに感じ取ることができるのは、階級の陰を引きずるヨーロッパのスポーツについてであり、相撲に関しては土俵で起こることをほとんど見逃してしまうようだ。サッカーであれば、村上龍氏は熱意と労力をかけぐったり疲れるほどの集中力を持って観戦するが、相撲についてはそういう経験がほとんどないのだろう。サッカーであれば、そんな状態でエッセイを書くことを恥だと感じるだろうが、相撲については恥でも構わないのだろう。

そういう人間が貴乃花の下した「出場」という判断を軽薄に批判してしまう感覚は、軽薄にあの優勝を絶賛してしまった人間たちと、そう遠くはない。私にはどちらも物語化に見えるが、あの優勝には物語化を拒む非常な孤独があった。

氏はなぜ二年前のあの優勝の瞬間に、「孤高の境地」へ思いをいたそうとはしなかったのか？それが今さら。典型的な世間の反応を見ているようで、私はシニカルな気持ちでいっぱいになる。メディアも村上龍氏も含め、そういった相撲への「リスペクト」を持たぬ人たちのコメントが、貴乃花を「変化を望まない人たちの代表」に祭りあげてしまったのだ。こと、貴乃花については、村上龍氏は彼の批判するメディアの姿勢をネガティブに踏襲している。

2003年6月1日

貴乃花の断髪式があったらしい。私は見ていない。力士としての貴乃花が引退した時点で相撲ファンを辞めた私は、その後の貴乃花親方についても関心はない。これから、名力士を育ててくれればまた興味は復活するかもしれないけれど、自分が名力士だった親方がいい力士を育てた例はなぜか非常に稀だ。

だから大相撲も見ていない。ニュースの時間に一、二番放映しているのをたまに見る程度。その程度しか見ていなくても、見ると腹が立つ。情けなくなる。何という弛緩ぶり。唯一、朝青龍だけは別格だ。しかし、まだこれからの横綱だ。

その朝青龍、横綱としての品格に欠ける、と叩かれている。私も、問題となった旭鷲山《きょくしゅうざん》との取り組みをたまたまニュースで見たとき、まったくガキだ、と思った（勝負のついた後に、両力士が小競り合いを起こしかけた）。しかし、これがすぐに「横綱としての品位」問題に発展するのは、外国人だからだと思わざるをえない。小錦が大関になったときも、「相撲はケンカだ」と発言し、日本文化を知らない下品な言いぐさだと激しい非難を浴びた。あのときの、群になってよそ者をいじめているようないやあな感じが、そっくりなのである。

だいたい、横綱としての品位・品格、とは何だ？　品位・品格を備えた横綱なんて、少なくとも戦後で見る限り、どれだけいたのだ？　よもや人格者という意味ではあるまい。横綱が人格者でなくてはいけないとしたら、かなりの歴代横綱が失格だろう。

私が思うに、横綱の品格とは、せいぜい「横綱っぽい雰囲気」程度のことではないか。あくまでも土俵上のこと、つまり、堂々と構えて慌てないこと、どんな手を使っても勝つという発想を持たないこと、相手がどんな奇策を仕掛けても受けとめ勝ってしまうこと、常に優勝候補であること、全力士の仮想敵であるほど恐ろしく強いこと、ここ一番での精神力を持っていること、等々。朝青龍に足りない要素がいくつかあることは確かだが、目くじらを立ててずとも克服できる要素でもある。親方や後援会やファンが、厳しく注意すればいいだけのことだ。

それなのに、性格的に問題があるだとか、違う文化で育っているからだとか、要するにモンゴル出身であることに還元するような形で非難されるのは、単なる人種差別である。小錦のときから変わっていない。相撲人気が下がって相撲を見る人は少ないのに、非難だけは多いというのも、これまたメディアや世間の無責任ぶりを示している。

第2章

「日本人ファースト」に潜む危うさ

後年の好角家《こうかくか》は、二〇一六年の角界をどのような一年だったと記すだろうか。

この年を象徴する「日本出身力士」なる言葉が生み出されたのは、モンゴル出身の日本国籍でもない、ましてやヨーロッパや南太平洋の民族ではない豪《ごう》栄道《えいどう》や稀勢《きせ》の里《さと》の活躍があったからだ。

そう、この年は、「角界における『線引き』が明確になった年」として記憶されるだろう。

まず、一月場所で琴奨菊《ことしょうぎく》が一四勝一敗の好成績で優勝する。これが、二〇〇六年の栃東《とちあずま》以来一〇年ぶりの「日本出身優勝者」と騒がれた。モンゴル出身だが日本国籍を取得した旭天鵬《きょくてんほう》の優勝（二〇一二年）と「区別」するために。

続いて九月場所で大阪・寝屋川出身の豪栄道が一五戦全勝で初優勝を飾る。そうすると、年間を通して好調だった稀勢の里を含め、貴乃花《たかのはな》以来の「日本出身かつ日本人横綱」を切望する声が公然とあがるようになった。

日本相撲協会は自ら積極的に国際化をはかってきた。一九六二年のハワイ巡業を皮切りに、冷戦下のソ連や中国でも公演（公演は協会主催、巡業は地元興行主の主催）し、八〇年代後半からはヨーロッパでも何度も興行を行ってきた。

その成果として、かつての高見山や曙《あけぼの》のハワイ勢に限らず世界中から入門者が増えたことは周知の通りだ。

にもかかわらず、日本相撲協会は、みずからの努力による果実を食い散らかすかのように非日本出身、非日本人力士の活躍を軽く見るようになってしまう。事実、海外巡業（公演）も二〇〇五年のラスベガス以降は二〇一三年にインドネシアで一度行われたきりとなっている。

元来、相撲は「おくに」と密接に関わってきた。地元出身の力士を応援するのが習わしであるとすら言える。しかし、「おくに」は故郷であって、あえて言えば「愛郷心」である。それと制度としての国籍、フィクションとしての民族とは異なる概念でもある。

しかし、メディアだけでなく国技館に集うファンも制度やフィクショナルな線引きを自ら行うようになった。

そこに「日本人ファースト」に潜む危うさはなかったろうか？　この章では、二〇一六年にリアルタイムで書き留められたブログ「言ってしまえばよかったのに日記」を中心に、大相撲史上の「画期」となりうる一年を振り返る。

（編集部）

立ち合い正常化の問題

「立ち合い正常化」という名目の、相撲の破壊について。

それは八角《はっかく》理事長体制が軌道に乗り始めた、二〇一六年の五月場所に起こった。

審判部も一新され、「立ち合いの正常化」を掲げて、立ち合いに両手をつくことを厳しく注意し始めた。

三日目の、大栄翔《だいえいしょう》対大砂嵐《おおすなあらし》戦だった。

大栄翔がしっかりと土俵に手をついていい立ち合いをし、立ち遅れた大砂嵐を一方的に押し出した。ところが、友綱《ともづな》審判長（元関脇・魁輝《かいき》）が、大砂嵐がきちんと両手をついていなかったとして立ち合い不成立を示していたのを行司が見落として続行させたということで、取り直しを命じた。納得がいかないのはきちんと立ち合いをした大栄翔だろう。そんな気持ちでは、すぐに切り替えて集中するのは難しい。二度目の立ち合いはうまくいかず、大砂嵐にあっさりと負けた。

私もまったく納得がいかなかった。どうしていい立ち合いをしたほうが、損をしなければならないのか。

立ち合いは成立したとみなして勝負を進めた行司も、恥をかかされた。この取り組み以降、行司はこんな目に遭うのはたまらんとばかりに、独自の解釈でしばしば、いい立ち合いの取り組みを途中で止め、やり直しをさせた。

問題は、審判部が何をもってしてやり直しと判断すべきなのか、明確な基準を提示しないことである。このため、戦々恐々としている行司は、てんでバラバラの対応を取る。明らかに両手ともついていない松鳳山《しょうほうざん》や琴勇輝《ことゆうき》の立ち合いはしょっちゅう見逃される一方、優勝の行方を左右するような一番で、ほぼ手はついているのだから目くじらをたてるべきではない勝負を、やり直しさせたりする。

立ち合いは、両者の呼吸が一番大事である。だから集中力も最も高まる瞬間である。土俵に手をついているかどうかについては、ある程度の幅があっていいはず。手をついたかどうかよりも、集中して両者がいい立ち合いをできるかどうかが、力士にとってもお客さんにとっても、最重要なこと。それをもってして土俵の充実というべきだ。

だが、今の審判部は、言い出してしまった強権を維持し、審判部の面子《めんつ》を損なわないことにばかり頭がいって、お客さんのことも力士のことも二の次になっているように見える。まるで、旧日本帝国軍の司令部みたいだ。

その結果が、今場所のわけのわからないやり直し続出だ。特に、優勝のかかる千秋楽の白鵬《はくほう》対日馬富士《はるまふじ》戦、一四日目の日馬富士対豪栄道戦、稀勢の里の綱がかかる白鵬対稀勢の里戦、それに一三日目の白鵬対照ノ富士《てるのふじ》戦。

ファンをバカにしているのかと言いたい。二度目の立ち合いで集中力の落ちた取り組みを、優勝のかかっている最後三日に何番も見せられて、私はすっかり白けてしまった。相撲の魅力をことごとく損なってくれた。力士にも失礼きわまりない。両者が全神経を高めている立ち合いの瞬間は、一種神聖な時間だ。それを自分たちの権威のためだけに軽々にやり直しさせるような権限は、審判にもない。何様だと思っているのだろう。これ以上、この状態を続けると、審判部が勝負の行方を決めていると疑われることにさえなりかねない。気にくわない結果になったら、やり直しさせればいいのだから。

立ち合いの正常化自体は私も賛成だが、こんな異常事態は、四〇年近く相撲を見てきた中でも、経験したことがない。審判部は謙虚になって、相撲を破壊するこの姿勢を改めるべきだ。

千秋楽に、NHKの藤井康生アナウンサーがこの状態に疑問を呈した。大変勇気ある発言だと思う。鋭い踏み込みから理詰めの攻めを見せ続けた嘉風《よしかぜ》の相撲のような、会心の発言だった。私の敬愛する北《きた》の富士《ふじ》さんも同意し、基準を示すため場所後に講習会をするべきだと提案していた。八角理事長に一考を願いたい。

2016年7月28日　名古屋場所後

追記・その後、審判部が立ち合いについての研修を行い、片手をしっかり土俵についてから立ち合えばよしとされるようになった。しかし、片手をついていたかどうかの判断はその時の審判や行司によってかなりばらつきがあり、ギリギリ手をついたかつかないかではあるがよい立ち合いと思われたものが取り消しになり、やり直しの後は、手はついているものあまりいい立ち合いでないために勝負内容も緊張を欠いたものになってしまう、という例が後を絶たない。何のために立ち合いを正常化させようとしているのか、本末転倒の傾向はいまだに続いてる。

稀勢の里と横綱昇進の基準について

稀勢の里は相撲エリートで、若いときから将来の圧倒的な横綱候補と目されていた。私も、その素質には目をみはり、間違いなく横綱になるだろうと思っていた。ファンにはならなかったが、普通に注目していた。

けれど、弱点はメンタルだった。ここぞという一番になると弱い。稀勢の里の相撲のスケールに対して、稀勢の里のメンタリティがあまりにも小さいのだ。かつて稀勢の里はしばしば、格下相手に圧勝すると、ドヤ顔で見下ろしたりしていた。大関にもなって、何でそんな駆け出しのヤンキーみたいなことするんだ、と思うが、これを長らくやめられないでいた。

これで思い出すのが、元横綱・双羽黒《ふたはぐろ》である。これまた大鵬《たいほう》クラスの素質とうまさを持ち、番付を駆け上がっていった。一九八六年当時、大関ばかりで横綱が空位になるのを恐れていた協会は、ハードルを下げて双羽黒を横綱にした。優勝していないのに、その経験もないのに。横綱に上がった当初の双羽黒は、思い上がっていた。平幕の力士相手に、勝った後「どうだ!」

という顔で睨みつけるようになった。横綱の気分だけ先走って、本当の横綱の責任と重圧を勘違いしたのだ。そのまま優勝できず、窮地に追い込まれたとき、横綱昇進から二年ともたず失踪事件を起こして、廃業となった。

この事件により、横綱昇進の基準は、大変厳しく、厳密になった。「二場所連続優勝、もしくはそれに準ずる成績」で、曖昧だった「準ずる成績」の解釈を、優勝＋優勝決定戦での敗北などに限定したのである。

双羽黒以後の横綱は、北勝海《ほくとうみ》、大乃国《おおのくに》はそれなりの基準で、旭富士《あさひふじ》以降は鶴竜《かくりゅう》に至るまでほぼ確実に連続優勝を果たしている。

中でも最も厳しかったのは、貴乃花に対してだ。二度目の優勝となった一九九三年五月場所の翌場所、優勝決定戦で敗れたのだが、これを「連続優勝ではない」として、昇進を見送られた。その後も、一場所おきに優勝、年三回の優勝をして、さらに全勝優勝をしたが、それでも「連続」ではないとして見送られた。

ここからがすごかった。貴乃花は翌場所も全勝優勝をして、「二場所連続全勝」という文句のつけようのない成績を、協会に叩きつけたのである。

これだけのハードルを越えないと、横綱はやっていけない。優勝を義務付けられ、番付の落ちない横綱は、毎場所がボクシングの防衛戦みたいなもの。その重圧は、綱取りの比ではない。だから、昇進のハードルを下げてはいけないのだ。

いくら準優勝を続けているからといって、稀勢の里の準優勝は、相星決戦で勝ったほうが優勝、みたいな形での準優勝ではない。数字の上での準優勝ばかり。私から言わせると、準優勝さえ掴み取っていない。ましてや優勝をや。それなのに一回優勝すれば横綱にするという。

ただでさえ、メンタルが小さく弱く、綱の責任を背負い切れるのか心もとない稀勢の里が、ハードルを下げて横綱にしてもらって、成功すると思えるだろうか。同じようにメンタルの小さい双羽黒で、あまりにも苦い失敗をしたから、ハードルを上げたのに、あの教訓を忘れて甘い基準で横綱にしたら、同じ過ちを繰り返すことになりかねない。

稀勢の里のためにも、ちゃんと二場所連続優勝、そのうち一回は決定戦でも可、ぐらいにしておかないと、潰すためだけに横綱に上げることになる。それはあんまりだろ。

真面目な相撲ファンよりも、「日本人、日本人」とそっちのほうが重要な浮薄な観客たちに、ブームのおかげで手拍子とコールをもらって、立ち合いの集中したときまで手拍子とコールは続いて、無心の立ち合いなんかできないよね。協会にも下駄を履かせてもらって、だらだらといつまでも綱取りの場所が続いて、もう緊張も持たないよね。稀勢の里の心は疲れきってボロボロなんじゃないかと思う。こんな消費のされ方は、稀勢の里にとっても相撲にとってもよくないだろう。

何だか同情して、もう横綱にしてあげてもいいいいんじゃやない、と白鵬の投げやりな嫌味ともいたわりともつかない言葉に、私も同意したくなる。

2016年9月11日　秋場所初日

名勝負、白鵬対朝青龍戦

今のところ、今場所の大相撲中継で最も興奮したのは、嘉風の取組以外では、今日放送された白鵬対朝青龍《あさしょうりゅう》の一番。むろん、過去の映像で、二〇〇八年初場所千秋楽の横綱相星決戦だ。ものすごい睨み合いの後、強烈な引き付け合いの応酬から、白鵬が豪快な上手投げで優勝を決めた。引き付け合いながら、白鵬が朝青龍を引きずり、絶対動くもんかと渾身の力で引き付け返し踏ん張る朝青龍の足が土俵の土を削っていくさまは、見ているほうが昏倒しそうだった。土俵の土はカッチカチで、砂場じゃないのにだよ！

こんな壮絶な相撲、もう何年もないのではないか。相星決戦もずっとないし、睨み合いもない。時間前に立つこともない。朝青龍を見ると、白鵬が越えてきた山は巨大だったなと思う。今の大関陣は誰も、それより小さな山でさえ越えることはできていない。

その中で、昨日、今日の豪栄道は強いと思った。これで豪栄道が優勝したら、横綱大関で優勝経験のないのはただ一人稀勢の里だけってことになるなあ、なんてね。一二勝三敗ぐらいで豪栄道が優勝して、稀勢の里は一一勝四敗で、一応準優勝だから来場所もまた綱取りね、豪栄道と一緒に綱取りレースで、いやー盛り上がるねえ、なんちゃってね。あーあ。

実際のところ、今場所はまだまだわからない。遠藤《えんどう》を含め、平幕や三役の優勝もあると思っている。でも結局は日馬富士なんだろうな、とも思う。メンタルが違うのでねえ。

それにしても、今日のゲストの柔道一〇〇キロ超級リオ五輪銀メダリスト、原沢久喜さんの好感度、やたら高かった！　相撲好きなこと、勝負に対して本当に真摯であることが伝わってきて、ああ、大相撲に入っていたらなあ、と可能世界を夢想してしまった。きっと横綱になったよ。舞《まい》の海《うみ》ではなく、白鵬に似ている。白眼の感じとか、あの落ち着きとか。

2016年9月17日　秋場所7日目

モンゴル人横綱を応援しない空気

今日の相撲は満足だった。なんてったって、両国国技館に行ってきたんだもんね。枡席でラテンアメリカつながりの友だちと。

すでに全日完売の今場所のチケット、取るのはなかなか大変だった。発売日に、私はメキシコからネットでアクセスしたのだが、幾度もの失敗を経て、何とか祝日のチケットを獲得するまでに二時間近くかかった。おかげでいい席だった。

今年は初場所も行く予定でいたのが、私の字幕翻訳の師匠のご葬儀と重なり、断念したので、今年初である。

祝日のせいもあるが、お客さんには日ごろあまり相撲に触れていない方も多いように、小耳にはさむ会話から感じられた。つまり、これまで相撲に来たことのない人が足を運ぶようになったということだろう。それが、全日満員御礼という結果だ。

私にとって痛快だったのは、隠岐《おき》の海《うみ》の敗北だ。負けて痛快なのではなく、安易に勝ち馬に乗る会場のムードが裏切られたことに、痛快だったのだ。館内は隠岐の海への声援で埋まっていたし、対するブラジル・サンパウロ出身の魁聖《かいせい》が今の隠岐の海に勝つのは難しいかな、と私も思ってはいた。隠岐の海の左を差させずに先手を取る以外には。

けれど魁聖は素晴らしい立ち合いから、隠岐の海の左を強烈な押っつけで殺した。左をこじ入れられない隠岐の海は万事休す。魁聖の続けざまの寄りに、あっさりと土俵を割った。横綱大関戦を終えて6勝1敗と絶好調だっただけに、優勝のためにはこれからの下位力士、役力士との対戦に勝ち続けないと、本物であることを証明できない。

だが、隠岐の海は、結局いつもの隠岐の海の本領を発揮して、ここで硬くなって、動きの悪いまま、負けた。まったくもって、いつもの隠岐の海。まだ二敗だけどね。

会場はため息だらけ、無念だという空気が支配したが、私はありうる結果だったでしょ、と思った。真剣に隠岐の海を応援したければ、この理不尽さを耐えなければならない。本物の稀勢の里ファンは、その点で人生の深い苦しみを理解している。本当に苦しい時に応援し続けてくれるのが本物のファンだし、力士に力を与えてくれるものだ。

最も頭に来たのは、結びの一番、日馬富士対栃煌山《とちおうざん》戦。日馬富士への声援もあったが、七割がたは栃煌山だった。その理由は、日本人力士の優勝や綱取りのためには、モンゴル人横綱には負けてほしいから。白鵬を始め、このパターンになった時は必ず、相手力士への声援が増す。さすがに、以前のような「日本人力士がんばれー」みたいなあからさまな差別声援は聞こえなかったけれど、意味は同じだ。

本当に栃煌山のファンならよい。でも、これが例えば大関・琴奨菊相手だったら、栃煌山をみんな応援するか、と問いたい。優勝する可能性があるのが日本人力士ならば、素直に応援するのだ。それがモンゴル勢だと、とたんに日本力士のほうに声援を送る。いつだったか、日馬富士へアンチの声援が飛んだ翌日、日馬富士が優勝をかけている白鵬と対戦する時になったら、日馬富士を会場中が応援したこともあった。胸糞が悪くなった。

この二年ぐらい、いつも味わっていることだ。これが嫌で嫌で仕方ないので、私はいま相撲を見ている。そうでないファンが一人でも増えればいいと思って。

強い横綱に、アンチの声援が飛ぶのは昔からあることだ。これは構わない。でも、そこに出身国や国籍や人種を結びつけると、たんなるレイシズムになる。相撲の場で起こっているレイシズムはこのような形をとっている。

日馬富士は、栃煌山をまったく相手にしなかった。ザマアミロ、と私は内心で毒づいた。日本人力士優勝にばかり気を取られていると、来場所は高安《たかやす》の大関取りに話題をさらわれるかもしれない。照ノ富士に、相手のお株を奪うスケールのでかい相撲を取った。照ノ富士も膝が万全なら勝ったかもしれないが、それ以上に高安の急成長ぶりが印象的だった。器の大きさがいよいよ開花してきた。来年には、稀勢の里と高安が同じ番付になってしまうかもよ。

２０１６年９月19日　秋場所９日目

豪栄道全勝優勝

賞賛に値する優勝だった。引いたり叩《はた》いたりせず、下がらずに相撲を取りきろうとしての全勝は文句ない。長い間苦しかった胸の内は、本人とファンにしかわからないだろう。

遠藤の技能賞も嬉しい。白鵬に次ぐ、美しい相撲を見せた。この力士は見目麗しいから女性ファンの厚さが目立つが、実は相撲好きにはたまらない才能を持っている。足腰の柔らかさ、絶対に引こうとしない姿勢、前さばきのうまさ、勝負勘の良さ、まったく無駄のない相撲の美しさ、調子に乗らず求道的な態度。加えて今場所は、よく喋った。寡黙だった遠藤が、ざっくばらんに胸の内を明かすようになった。何か心構えを変えたのだろう。それがあの平常心につながったのかもしれない。豪栄道の優勝決定を一四日目まで引っ張ったのは、ひとえに遠藤の頑張りのおかげである。一三勝二敗で準優勝なのだから、技能賞だけでなく敢闘賞もあげろよ、ケチくさい相撲協会と相撲記者ども。

ところで、解説の舞の海さんが、豪栄道が大関昇進の時のコメント「大和魂でがんばる」といったことを引き合いに出し、ようやく大和魂を見せてくれた、と言ったが、逆ではないか。

大和魂なんかにこだわっていたから、あの不甲斐ない成績だったのだろう。今場所は、豪栄道自身が言うように、「自分の相撲」に徹したから、うまくいったのだ。人のことなんか考える余裕がないところまで追い込まれて、自分に集中したから、情けない自分を封印できた。「大和魂」を見せてやる、なんて思っていたら、大関陥落していただろう。「大和」以前に、どこの人間だとかは関係なく、自分自身であることこそが自分を支えることを知ったのではないか。

勝負の時は気持ちで負けないように闘志を燃え立たせたろうが、それは相手が誰でも同じ。特に、優勝の鍵を握る稀勢の里戦と両横綱戦は、すごい気迫だった。これは大和魂でもなんでもなく、大関・豪栄道という力士の闘志だ。それを大和魂などという空虚な言葉で一般化して消費するのは、個人として戦っている力士に失礼だろう。国家や民族のために戦っているわけでも何でもない。自分と、それを支えて応援してくれる人のためであって、それは個人の関係性の問題だ。稀勢の里が、何場所も続くプレッシャーに崩れていったのは、まさに大和魂的な期待を背負わされたからだ。稀勢の里という力士の個性や人格や相撲を応援されたわけではないから、もたなかったのだ。

2016年9月25日　秋場所千秋楽

九州場所と白鵬

さて、九州場所。

かつて相撲は東北以北の北国《きたぐに》出身者が圧倒的に多く、特に北海道、青森出身力士の独壇場だったが、今は幕内では北海道の関取はゼロ、青森も宝富士《たからふじ》だけ。

それに比して、九州出身力士は隆盛を誇っている。わが嘉風は大分県。福岡が琴奨菊に松鳳山、熊本が佐田《さだ》の海《うみ》に正代《しょうだい》、鹿児島が千代鳳《ちよおおとり》と、幕内だけでも六人もいる。九州も昔から相撲どころではあるけれど、特に今は大いに盛り上がっている。それは館内の声援を聞いていても感じるだろう。これらの力士への応援は毎日すごい。

日本人力士だから応援をするというのは嫌な感じなのに、地元の力士を応援するというと不快感がなくなるのは、不思議かもしれないが、全然不思議ではない。サッカーで言えば、日本代表よりも地元のクラブの勝利のほうが大切と感じるサポーターのようなもの。非日常で憂さを晴らすのではなく、日常の一コマとして、労力をかけて地道に応援するというか。

その感じは、白鵬に対する声援を聞いているとわかる。国技館だと、アンチ白鵬がにわかに増え、白鵬じゃない日本人力士を応援する空気があるが、テレビで館内の声援を聞いている限り、九州場所ではそんな雰囲気はあまりなさそうに感じる。むしろ、白鵬を素直に応援している印象がある。実際、白鵬は九州場所で六年連続優勝するなど、めっぽう相性がいいのだ。

そんな九州場所で、大記録の一〇〇〇勝を達成できたのも、白鵬のよく口にする「相撲の神様」の計らいかもしれない。当日は白鵬一〇〇〇勝を待ち望む観客が目立ち、大いに沸いた。白鵬もとても率直に喜びを表していた。大鵬の三二回の優勝を越えるときは、ピリピリになって孤独感を全身から漂わせていたが、この一〇〇〇勝は笑顔でよかった。もっとも、九州場所のアイドルでありヒーローだった魁皇《かいおう》の一〇四七勝という前人未到の記録を九州で越えるとなると、複雑かもしれないが。

その魁皇だった現・浅香山《あさかやま》親方の、白鵬一〇〇〇勝に対するコメントも、素晴らしかった。「力強い相撲だった。自分は長く相撲を取っただけで地位も年齢も違うから、自分の記録とは比べることはできないし、比べるのは申し訳ないくらい。白鵬はまだまだ若いし、通過点だろう」(NHKニュース)。あんな大記録を打ち立てた人なのにこの謙虚さ。魁皇の人柄が滲み出ていて、なんで九州場所で魁皇があんな爆発的人気を誇ったのか、よくわかる。

六日目には、この場所の台風の目となっている玉鷲《たまわし》と遠藤が、それぞれ全勝の豪栄道と白鵬を破るという波乱が起きている。綱取りの豪栄道にとって、私はこれは悪くないと思う。横綱にとって必要なのは、負けないこと。勝つこと以上に負けないこと。たとえ負けても、引きずらずに翌日には立て直して、連敗しないこと。これができないと、綱を張り続けるのは難しい。だから、下位力士に一敗は痛いけれど、むしろ横綱たる資格があるかどうかを測るにはいい展開だろう。ここを乗り越えての優勝ならば、文句なく横綱になれると思っている。大関陣の中でも最も情けなく、優勝争いをすることも期待されず、事実無関係のままだった豪栄道は、あの屈辱の日々から成長したのだなあと感じさせる、強くて揺るぎない相撲を取り続けていて、私の評価もすっかり反転した。

遠藤が白鵬を破る日はいつか来ると思っていたけれど、怪我以来、それは遠のいたと残念に感じていた。それを引き戻した遠藤、楽しみすぎる。ひたむきに正攻法でとても相撲がうまい遠藤は、どこか貴乃花に似ている。勝ったときの相撲の美しさなんか、貴乃花を彷彿とさせる。二年前は照ノ富士と遠藤が横綱、大関としてライバルになると思っていたので、照ノ富士にも早く復活してほしい。

２０１６年11月18日　九州場所６日目

横綱の資格（「品格」じゃないよ）

ああ、豪栄道、やはり……。

昨日の魁聖戦はいまいちの内容だったものの、今場所の強い精神力の豪栄道であろうとしてはいた。だから連敗を止めたことに意味はあったと思った。けれど、今日の隠岐の海戦は、先場所までの情けなくて惨めな豪栄道に戻ってしまった。私は判定に関しては同体取り直しでもいいのではないかと感じたが、豪栄道の綱取りという意味では、失格だと思った。

横綱は負けない能力が重要である。不利な時にしのぐ力、調子の悪い時でもやり過ごす力、重圧の中でもつぶれない力。豪栄道が横綱になってもやっていけるかどうかを測るには、一敗した後に立て直せるかどうかが鍵だった。そしてその試験に豪栄道は通らなかった。

二敗はまだ優勝圏内である。そして、もしこの後勝ち続けて優勝したなら、横綱にすることは異論ない。けれど、綱を張り続けられるとは思えない。横綱になるということは、綱取りを毎場所続けるようなものなのだ。白鵬が場所前、豪栄道について、強い相撲を取り続けることができれば横綱にはなれるかもしれないが、横綱を続けることはなってみないとわからない、みたいなことを言っていて、その奥深さに戦慄《せんりつ》した。横綱は絶対的な孤独を生き続けなければならない存在なのだ。私はそのことを、貴乃花以上に、白鵬から学んだ。

その横綱の資格を見せ始めたのが、鶴竜だ。遠藤、玉鷲と、今場所の台風の目を続けて退けた。それも、横綱らしい勝ち方で。無傷の勝ち越しで単独トップ。優勝争いに絡むだけでなく、優勝争いを引っ張るのが、横綱の役割だ。鶴竜がこんなに横綱らしい横綱だったって、ずっと知っていたよ。自信さえ揺るぎなくなれば、こうなるって、わかっていたよ。

2016年11月20日　九州場所8日目

館内の「コール」について

九州場所一三日目、優勝争いも大詰めを迎えている。

まず、稀勢の里から。今年に入ってにわかに稀勢の里キラーになっている栃ノ心《とちのしん》が、会心の相撲で稀勢の里を倒した。私が思うに、横綱を三タテにした稀勢の里の相撲は確かに強かったが、立ち合いから自分のペースだったかというと、すべての取り組みで押し込まれていた。相手をよく見ているという見方もあるが、前半の無気力相撲の延長で、決していい立ち合いをできてはいない。それでも勝ったのは、白鵬に負け寸前から逆転したことで、にわかに闘争心に火がついたせいだろう。白鵬戦以降、稀勢の里はいつもと違い、立ち合い前に目を細めて相手にガンを飛ばしている。つまり、喧嘩上等の気分で臨んでいたのであろう。綱取りの間は、自分に集中しよう平静であろうと努めていて、こういう目はしていなかった。この闘争心の結果、鶴竜戦、日馬富士戦と、自分の武器である強烈な左差し一本で相手を吹き飛ばした。

しかし、格下の栃ノ心にも喧嘩上等で臨んでしまった。今日も栃ノ心を目を細めて睨みつけていた。それが、相手の攻めに「意固地になって」(伊勢ケ浜《いせがはま》親方)右ノド輪で攻め返し、自分の武器である左からの攻撃を忘れるという愚を犯す原因となった。左から攻めれば、栃ノ心には負けない。でも、やられたらやり返すということで頭がいっぱいになり、栃ノ心のペースにはまってしまった。芽生えつつある苦手意識も、足を引っ張っただろう。逆に栃ノ心は、うまく取れば勝てるという自信を持って臨んでいただろう。この取り組みも、凄まじく集中した栃ノ心のほうがいい立ち合いをし、稀勢の里は押し込まれた。まだチャンスが潰《つい》えたわけではないが、前半で無気力相撲を取って早々に優勝争いから脱落した力士が、そうあっさりと逆転優勝できはしない。

ところで、今場所は、いわゆる「コール」(手拍子とともに力士の名を三拍子で呼ぶ声援)が、地元九州出身の力士と綱取りの豪栄道に集中し、稀勢の里に対してはほとんど起こっていなかった。先場所まではあんなに稀勢の里コールばかりだったのに、綱取りがなくなるとこの扱いか、現金なものだ今の観客は、と私でさえ稀勢の里に同情したくなるほどだった。ところが、白鵬戦になると、途端に前日とは段違いのコールが起こる。そしてモンゴル出身の横綱を破るごとにそのコールは大きくなっていく。

大変感じが悪い。百歩譲って、にわかに優勝の目が出てきた強い力士を応援したくなるのは当然ではないか、と言うのなら、今場所は、素晴らしい内容で圧倒的に強く安定している鶴竜にもっと声援が飛んでいいはずである。初日から一三日目まで、ずっとトップを走って優勝争いを引っ張っているのだ。しかも(残念ながら)いつも優勝している横綱ではない。この絶好調ぶりに、館内が鶴竜を応援してもいいはずだ。だが、鶴竜コールは、一度も起こってはいない。一〇年前だったら、今場所の鶴竜は確実に大声援を受けただろう。

これが何を意味するか、言うまでもないだろう。今の相撲は、国籍・民族で、応援される・されないが左右されるのである。感じが悪いこと、おびただしい。コールが起こるようになってから今まで、私はモンゴル系の力士に大コールが起こったのを聞いたことはない。この場所も、モンゴル系の力士に対して私がコールを耳にしたのは、わずかに子ども数人の声による、貴ノ岩《たかのいわ》と照ノ富士への声援だけである。私も毎日相撲中継をくまなく見ているわけではないので、もしかしたらもう少しあったかもしれないが、いずれしても、館内を覆うコールが起こるのは、「日本人」力士に対してだけと言ってよい。そもそもコールなどという、それまで相撲には存在しなかった応援が登場したのは、「ニッポン」を応援するという、この「日本スゴイ」ブームの一環でしかない。「ニッポン」であれば、相撲でも何でもいいのである。そして、「日本人」力士なら、誰でもいいのである。そのようなメンタリティと、非日常空間で盛り上がりたいという衝動とが、無意識のうちにモンゴル系力士を仮想敵としてしまっているのだ。

話題変わって、今日の解説は、私の大好きな元・旭富士の伊勢ケ浜親方。サービス精神ゼロ。感情や物語も無視。視聴者の期待に応えるつもりなし。ひたすら、最小限の言葉で的確に取り口の解説をするのみ。普通の解説では聞かれない微細なレベルまで、二言三言で明解に説明してくれる。

それによると、遠藤は立ち合いがワンパターンなのが、命取りになっているという。低い姿勢から左差し右前みつを狙うという形のみ。相手からしたら、何をしてくるかわかっているので対応しやすい、と。立ち合いの鋭さの進化に目を奪われていたが、確かにそうだ。「勝った相撲はいい内容だけど、負けた相撲は内容ゼロ」と遠藤自身が言っているが、その理由はここにある。

２０１６年11月25日　九州場所13日目

大相撲から見る国籍問題――純血志向に潜む危うさ

奇数月は大相撲観戦で忙しい。私は子どものころより筋金入りの相撲ファンだったが、貴乃花の引退とともに、相撲ファンも引退していた。以後、長らく関心を失っていたが、二〇一四年からファンに復帰した。ちょうど、相撲人気が急速に復活してきたころだ。

きっかけは白鵬が大鵬の優勝記録に迫ったことだった。わくわくして相撲を見始めたら、異様な雰囲気になっていることに気づいた。偉業に挑んでいる白鵬に対し、分厚い声援もあったが、差別的なまでの否定の声もたくさん館内を飛び交っていたのである。

相撲人気の復活には、大きく三つの要因があると思う。まずは、容姿端麗で相撲の美しい遠藤の登場。これが女性ファンを生み出した。また、私のように、白鵬の記録達成に惹きつけられた者。そして、日本礼賛ブームの一環として、「国技」である相撲を見始めた人たちである。

私の実感では、場所を追うごとに、この日本礼賛熱の割合が大きくなっている。二〇一六年になってからは、稀勢の里、豪栄道ら大関陣の活躍により、日本人横綱が誕生するかもしれないという期待が高まっているからだ。二〇〇三年に貴乃花が引退して以来、「日本人」の横綱はいないのだ。

その熱望が、モンゴル人力士、特に白鵬を始めとする強い横綱たちを、モンゴル人という理由で敵視する風潮を生み出している。これは生で観戦すると、会場の空気としてひしひしと感じられ、引っかかりを覚える。日本の力士とモンゴル人横綱との対戦になると、力士の人気とは関係なく、日本の力士のほうにたくさんの声援が飛ぶ。最悪の例としては、「日本人力士、がんばれ」だとか「モンゴル人力士、負けろ」といった声まで聞いたことがある。

憎らしいほど強い横綱に対し、対戦相手を応援する声が飛ぶことはしばしばあった。そこまではよい。だが、そこにルーツや国籍などの属性を結びつけると、差別となる。このような声を耳にしたら、力士本人だけでなく、日本で暮らすモンゴル人も傷つくだろう。問題は、それが差別に当たるという意識が、社会に驚くほど欠けている点である。

白鵬に関しては、引退後の国籍問題もある。現行の制度では、親方として日本相撲協会に残るには日本国籍を取得しなければならないのだが、白鵬は国籍変更へのためらいを口にしている。これについては、相撲解説者で元横綱・北の富士勝昭氏が、白鵬の相撲界への多大な貢献に報いる意味でも、大横綱だけに許される一代年寄に限って、外国籍のまま親方になれるようにする、ということも考えてよいのではないか、と述べている（北の富士勝昭ほか『大放談！　大相撲打ちあけ話』)。

これだけ相撲も国際化し、外国籍の力士が歴史を築き上げてきた現在、国籍条項は時代遅れだろう。それでもすぐに撤廃するのが難しいのなら、北の富士氏の案も一考に値するのではないか。

だが、民進党代表に選出されて以降の蓮舫議員の二重国籍騒動を見ていると、世の風潮は白鵬の国籍変更を強要する方向に流れるかもしれない。法的にも何の問題もない二重国籍を、あそこまで激しく拒絶する世論には、過剰なまでの日本人純血志向を感じて恐ろしくなる。

白鵬がモンゴル籍のまま親方になったからといって、誰のどんな損失になるというのだろう。暴行死事件や八百長、賭博事件等で大相撲が存続の危機に瀕していたときに、一人横綱として支えた白鵬を、国籍を理由に締め出すようなことがあれば、それは相撲と日本社会の衰退を意味するだろう。一見差別とは感じられない小さな現象にこそ、この社会を崩壊させる芽が潜んでいることを、私たちは自覚すべきだ。

北海道新聞2016年10月1日「各自核論」

稀勢の里横綱昇進への異議

稀勢の里の優勝、長い長い長い間の重圧を思うと、この安堵と喜びは、稀勢の里とともに落胆し続けてきたファンにしかわからないものもあると思う。入門時から横綱候補と言われてきたその才能と努力がようやく報われたことを心から祝福したい。稀勢の里関もファンの方もおめでとうございます。

しかし、初優勝を寿《ことほ》ぐことと横綱昇進は別問題だ。私はただただ唖然としている。四〇年相撲を見てきて、こんな事態は初めてだ。

いくつもの問題が重なっているのだが、まず最も不可解なのが、どうして昇進できるのか、その基準が明確に示されていない点だろう。昨年の年間最多勝であること、安定した成績や優勝争いの多さ、優勝次点の多さなど、理由はいくつも挙げられているが、問題はそれらの成績は今まで横綱昇進の条件として顧みられたことはほとんどない、ということ。

横綱昇進の基準は、一九八七年の双羽黒の廃業以前と以降とで分けられる。双羽黒の廃業以降は、横綱審議委員会の内規である「二場所連続優勝、もしくはそれに準ずる成績」が、極めて厳格に適用されてきた。「準ずる成績」の部分に解釈の余地があるわけだが、一九九〇年の旭富士からは、「優勝力士と同成績での準優勝」つまり優勝決定戦で敗れての準優勝のみに限定されてきた。実際には鶴竜がこの同点準優勝と優勝だったほかは、八人全員が連続優勝を果たして昇進している。

今回の稀勢の里については、前の場所は優勝次点とはいえ星二差の一二勝とレベルが低く、今場所は二横綱一大関と当たらなかったばかりか、不戦勝も含まれている。厳密にいえば一三勝一敗である。これまでならば確実に横審へ諮られることはなく、来場所が綱取りということになっただろう。

この評価基準については常に賛否があり、それを見直すのであればそれはありだと思う。ただし、きちんとした議論を経た上で、新たな基準を事前に明確に示してから、綱取りに臨んでもらうべきだ。議論もなく、結論ありきで突然基準のほうを合わせるのはあまりにもご都合主義で、横綱の地位を損なってしまう。

そこにもう一つの問題がある。稀勢の里は今場所について、はっきりと綱取りの場所と明示はされずに臨んでいるのである。私は、綱取りのかかった場所という重圧の中で、連続優勝できるかどうかを見ることは、横綱昇進審査の重要な一要素だと思う。稀勢の里はそれをスルーさせてもらってしまったのである。八角理事長が場所の初めに、「横審の規定にはないが、年間最多勝は評価すべきであって、優勝すれば、内容いかんでは横綱の声も出てくるかもしれない。ただしそれは審判部の裁量なので、あくまでも私見だが」というような内容のことをインタビューで答えていただけ。これを綱取りのかかった場所と規定するには、あまりにも根拠が薄弱である。

喩《たと》えて言えば、一次二次を突破しないと合格できない試験で、一次試験をクリアしたところで、「君は普段の成績がいいから、二次試験は特例で免除で合格ね」と言われたようなものである。制度にない特例を急に持ち出すのでは、上げ底合格、コネ合格と言われても仕方ない。

さらに問題は続く。稀勢の里の昇進は、前例となるのである。では今後、年間最多勝をとった大関はどんな力士であれ、内容いかんにかかわらず優勝すれば横綱になれるのか。協会、横審は、稀勢の里を横綱にした根拠を明示し、今後の力士にも厳密に適用する義務がある。果たしてそんなことができるのか。今後はなあなあで、力士によって横綱にしたりしなかったりが出てくるのではないか。

このような、根拠のはっきりしないままの横綱昇進の例が、北尾《きたお》(横綱・双羽黒)である。二場所連続で千秋楽での敗北により準優勝だったことを「優勝に準ずる」と解釈し、さらに将来性という曖昧な理由を持ち出し、優勝経験のないまま横綱にした(仮免横綱と言われた)。それが次第に負担となり、結局優勝できないまま親方と衝突して廃業することになる。その教訓から、内規の厳格な運用が行われるようになったはず。

なぜ性急に北尾を横綱にしたかといえば、一九八六年当時は千代の富士一人しか横綱がおらず、急成長して大相撲人気を支えていた「花のサンパチ組」(昭和三八年生まれの北尾、小錦《こにしき》、寺尾《てらお》、琴《こと》ケ《が》梅《うめ》ら)から早く横綱を誕生させたいという思惑が協会にあったからである。

今回も、この性急で曖昧すぎる昇進決定には、「日本人横綱」誕生のチャンスを逸したくないという焦りが丸見えである。裏を返せば、来場所に綱取りをかけたら稀勢の里はまたチャンスを逃すかもしれない、と信頼のなさを表明しているようなもの。稀勢の里も舐められたものだと思う。稀勢の里が逃したらまた何年か「日本人横綱」は誕生しないからだ。実際、長年稀勢の里を支えてきたコアなファンには、この昇進を素直に喜んでいない人も少なくない。普通に二場所連続優勝を課せばいいだけのことではないか。私は稀勢の里なら十分それを果たせるし、そうして手に入れた自信は稀勢の里をさらに強く魅力的な横綱にすると信じている。

ではもし例えばモンゴル出身大関の照ノ富士がこのような状況にあったら、こんなにまで条件を下げて突然の横綱昇進を認めただろうか。これは「日本人」にだけ許された特権ではない、と協会や横審は証明できるのか。

相撲には相撲の世界なりの平等さ公平さがある。それを捨ててしまった大相撲業界のやり方に私は失望したし、軽蔑の念も覚える。

法令を遵守せずに世の熱狂だけで押し切ってしまうようなこのやり方は、法治主義を壊す依存症文化を育てているようなものである。その熱狂のためにナショナリズムを使うと、いつかナショナリズムに自分たちの首を掻き切られるだろう。

2017年1月23日　初場所後

熱狂が議論かき消した

綱とりだ、と言われて迎える場所で優勝できるか。その力を試す意味合いが、「二場所連続優勝、もしくはそれに準ずる成績」という規定にはあると思います。稀勢の里は、この審査をきちんと受けさせてもらえずに昇進してしまった。精神面の弱さが克服されたのなら、もう一場所見て証明させればよかった。過去の強い横綱のように。

もっとも不可解なのは、千秋楽の白鵬戦の前に昇進が確実になったことです。仮に横綱戦で負ければ雰囲気が壊れる、と恐れた日本相撲協会が、世の中の空気を読んで先手を打ったのだと思います。

折しも一年くらい前から、NHKがリードし他のメディアが追随して、「日本人」横綱昇進を実現させようという雰囲気づくりがありました。そして、本命・稀勢の里の初優勝決定です。世間の盛り上がりを見た協会が、日本人横綱の誕生は今だ、と踏んだに違いない。稀勢の里は「綱とり場所」はおろか「綱とりの一番」の重圧もまともに与えられませんでした。一皮むける機会を奪われたのです。協会は稀勢の里を信用していないと僕には見えました。

直近の二場所の成績で判断するのがいいのかという議論はあっていいと思います。でも、規定を見直すなら、場所前に明確に打ち出すべきだった。年間最多勝というデータをあとで持ち出したのは、ご都合主義に映ります。

そして、これが前例になるのかもあやしい。今後、優勝した大関が年間最多勝だったら昇進させるのか。今回だけの特例なのか。疑問は尽きませんが、歓喜にわく今の勢いでうやむやにされそうです。

最近、いろんなことが「やったもん勝ち」で決まってしまう。政治では強行採決が繰り返されました。ただ、そこには批判の声もありました。しかし、今回の昇進は、熱狂が異論や議論をかき消している。世の中が熱狂すればルールを無視していい、という初めての例になる。そういうメンタリティーが人々の中に生まれるのは、民主主義にとってすごくよくないことです。

まして相撲は日本に根付いた文化です。普段はさして興味のない人でも、「日本人が日本人横綱を期待するのは当然だ」と感じやすい。でも、「国技」とうたうからこそ、頂点に立つ横綱は国籍やルーツにかかわらず、曇りのない明快な基準ではかられるべきです。ファンとしては、大切なものを汚された気がします。

稀勢の里や白鵬が出てきたとき、僕の理想の横綱の貴乃花を継ぐ逸材だと思いました。稀勢の里には横綱にふさわしい力士になってほしいと心から願います。日本人横綱誕生に沸騰した期待はすぐバッシングに変わりかねない。ふがいない成績が続いても僕は真剣に応援し続けます。

（談＝聞き手・村上研志）

朝日新聞２０１７年２月10日「耕論」

第3章

「国技」の相撲、相撲のルーツ

前章でみたように二〇一六年の「日本出身横綱」を切望する声に応えて、二〇一七年、ついに日本出身の横綱・稀《き》勢《せ》の里《さと》が誕生する。二〇〇三年に引退した貴《たか》乃《の》花《はな》以来の「日本出身横綱」と報道されたが、貴乃花が横綱に昇進した一九九四年に「日本出身横綱」という呼び名はなく、ましてや「日本出身横綱がついに引退」といった報道もなかった。そうすると稀勢の里が史上初の「日本出身横綱」であるとも言えるのではないだろうか。

相撲は「国技」だ、だから日本人が活躍すべきだ――耳障りのいい声が巷間ささやかれる。しかし、「国技」とはなにかと考えると、あるいはそれを英語やスペイン語に翻訳しようとすると、とたんに思考が停止してしまう。

そんなことを考えるまでもなく、多くの相撲ファンは知っている。二〇一一年の本場所中止を「どん底」とする相撲人気を支え、V字回復に大きく貢献したのが、白鵬《はくほう》ら「非日本出身横綱」であったことを。

この章では、メディアが先導した稀勢の里の「上げ底」昇進の問題とともに、非日本出身のなかでも歴史的な大横綱・白鵬が支えたものがなんだったのかを考える。

そうすることで、相撲のルーツや、土俵を通じた悠久の歴史が見えてくるだろう。二〇一六年をピークにした「線引き」の季節は終わり、「つながり」の季節へと向かう萌芽が――。

（編集部）

稀勢の里と照ノ富士の怪我について

二〇一七年三月場所一四日目。昨日、左肩を怪我した稀勢の里は、今日も強行出場するという。二〇〇一年五月場所の貴乃花になぞらえる人もいるけれど、私はあまりいいことだとは思わない。貴乃花ファンだった私は、今でもあの武蔵丸《むさしまる》との相撲を見返すたびに胸が苦しくなる。あれで貴乃花の相撲人生が終わったからだ。歴史に残る優勝だとは思うけれど、ファンとしてはあんなことはなくてもよかった。あのとき休場して、もっと多くの優勝争いを見られたほうが、ずっと幸せだった。

稀勢の里にはこれから充実した横綱人生が待っているのだから、無理をしてほしくはない。それでも出場してしまうのは、今の稀勢の里ブームで背負っているとてつもない期待に応えたいという使命感と、やはり優勝したい気持ちだろう。二場所連続優勝とは程遠い基準で横綱に昇進したので、本人としても二場所連続で優勝し、かつ横綱として優勝することで、横綱にふさわしいことを証明したい気持ちがあるのかもしれない。

同じく優勝を争う照ノ富士《てるのふじ》も、二〇一五年に終盤戦で同じように大怪我を負い、しかし優勝争いトップだったために、強行出場した。星は落としたものの、横綱・鶴竜《かくりゅう》と優勝決定戦となり、負けた。そして怪我が長引き、今場所の復調まで、約二年近くかかった。因果関係はわからないが、私はあのとき無理に出場しなければ、もう少し怪我は軽く済んだのではないかと思っている。けれど、横綱大関陣の相次ぐ休場で大関としての責任を感じていたことと、優勝のチャンスを逃したくない気持ちとで、強行出場した。照ノ富士が今場所優勝すれば、あの時点でおあずけになった優勝を取り戻した気分だろう。

稀勢の里はもう若くはないのだし、怪我のないことが強みの一つであった白鵬も、三〇歳になって一度怪我をしてからは怪我の連続である。実際には長い間の負荷が溜まって、満身創痍なのだ。稀勢の里だってそうならないとは限らない。

照ノ富士は、かつてのスケールの大きな相撲が戻って、とんでもなく強く見えるが、これもファンとしては、苦々しい思いで見ている。あの相撲が照ノ富士の魅力であることは間違いないが、身体中の関節に多大な負担をかけるから、長くはもたない。まして体重と上背のある照ノ富士は、そのうち膝が体を支えられなくなるだろう。本当は、怪我で苦しんでいるうちに、立ち合いの鋭い、緻密で負担の少ない相撲を覚えてほしかった。怪我は、相撲を変えるチャンスだった。そうなれば、復調したらすぐ横綱になれるし、長持ちもするだろう。今のままの相撲では、またいつか致命的な大怪我をする。怪我を生かせなかったことが残念だ。

2017年3月25日　大阪場所14日目

追記・一四日目の取組後、案の定、稀勢の里は左肩がまったく動かず、痛みを我慢しているような状態のため、相撲にならなかった。相撲にならない姿を見せるのは、プロとしては責任を果たしているとはいえない。休むという判断ができることも、プロの、横綱の使命のひとつだと思う。

私は、このような、怪我を押して我慢する姿を見せることが美談になることに、非常な違和感を抱いている。それは特攻精神みたいなものに近似している。出場している本人にそんな意識はないだろうが、これを美談として礼賛する側は、後先考えない玉砕に感動するメンタリティを育ててしまうことになる。

しかし、それで優勝の可能性が高くなった照ノ富士もいただけない。大関復帰が絶たれるかもしれない琴奨菊《ことしょうぎく》との一番に、立ち合いでの変化。これから上(横綱)を目指す力士のすることか。膝の具合がまた悪くなっているという話もある。心配したとおりだ。

何だか優勝に価値のない場所になってしまった。

無意識のモンゴル人力士叩き

大阪場所はダイジェストで見ており、生中継での館内の様子はあまりきちんと見ているわけではないので、これはあくまで印象に過ぎないのだが、気になるので書いておく。

一四日目、ご当地場所である兵庫県出身の実力者、妙義龍《みょうぎりゅう》は、七敗ともう後がない。前頭一四枚目だから、負け越せば十両に陥落する可能性も出てくる。対戦相手は、このところ力をつけて来たモンゴル出身の千代翔馬《ちよしょうま》。勝負はあっけなく決まった。立ち合いから千代翔馬に突き落とし気味のいなしを食らったら、自分からバランスを崩すようにして土俵に崩れ落ちた。傷めている膝が堪えられないのだろう。

異様だったのは、この時の館内だ。妙義龍の呆気ない敗戦と負け越し決定にがっかりし、ため息をつくのはわかる。だが、館内はシーンと静まり返ったまま、千代翔馬が勝ち名乗りを受けても拍手もないというのは、おかしくないか。

千代翔馬は普通に相撲を取っただけで、非難されるような卑怯な手を使ったわけでもない。どちらかというと、妙義龍の自滅気味の敗戦だった。にもかかわらず、千代翔馬を無視している。こんな館内の空気は私はほとんど味わったことはない。勝ち力士に拍手するのは、プロ力士への礼儀だ。誰も千代翔馬を応援していないだけでなく、ご当地力士を負け越しに追い込んだ相手を無視する。こんなことは大相撲では起こらなかった。

一三日目の横綱対決では、日馬富士《はるまふじ》が会心中の会心の相撲で稀勢の里を秒殺。しかし稀勢の里が肩に大きな怪我を負ったがために、ネット上では日馬富士を罵りバッシングする言葉があふれた。これにはさすがに稀勢の里ファンが怒っていた。

一四日目、照ノ富士対琴奨菊という、優勝を占う一番。琴奨菊はこれに負けると大関復帰が絶たれる。稀勢の里が怪我をした今、照ノ富士はこの一番に勝つと限りなく優勝に近づく。そんな大一番で、照ノ富士はなんと立ち合いに変化するという、期待を裏切る相撲で勝った。私もがっかりしたし、頭に来た。大阪体育館に足を運んだお客さんはなおさらだろう。ブーイングが飛んでも仕方はない。

しかし、問題はその後、次の取り組みの日馬富士と玉鷲《たまわし》が土俵に上がっても、まだ罵声を放ち続けている人が大勢いたことだ。経験豊かな日馬富士が「あんなブーイングは初めて」「聞いたこともない、すごい言葉で言ってきた」と驚くほどのえげつない罵声が飛び交った。そして、日馬富士は集中を乱され、負けてしまう。「相撲を取るどころじゃなかった。集中してるけど耳に入ってしまう。次の一番に集中してる人のことも考えてほしい。大けがにもつながるから」(日刊スポーツ)と述べざるをえない事態だった。

照ノ富士の相撲は批判されて然るべきものだが、館内で起きたことは、批判をはるかに逸脱する暴言だった。私は、相撲観戦の名を借りた憂さ晴らしであり、相撲を成り立たなくさせる「荒らし」みたいな行為だと思う。

妙義龍と千代翔馬、稀勢の里と日馬富士、琴奨菊と照ノ富士、いずれも日本の力士と対戦したモンゴル人力士が、相撲観戦のマナーを踏みこえる形で観客から敵意をぶつけられている。おそらく、対戦相手がモンゴル勢でなければ、ここまで行き過ぎた事態にはならないだろう。モンゴル勢なら不満をいくらでもぶつけてよい、鬱憤を晴らす相手にしてよい、そんな無意識が働いていないだろうか。それを排外的な差別感情の発露ではないと言えるだろうか。そのような観戦の仕方をしている人に聞けば、モンゴル力士を差別してなどいない、と言うだろう。けれど、差別とは無意識に出てくるものなのだ。

醜い、「日本人ファースト」の意識が、この差別を育てている。土俵上で起こることは、この社会でも起こる。先場所で、もう引き返せる地点は過ぎてしまった。

それと一四日目の、豪風《たけかぜ》対蒼国来《そうこくらい》戦の判定について。蒼国来は豪風のいなしに泳いだが、土俵際ギリギリで残り、向き直って両者また攻防を始めたところで、東方の田子ノ浦《たごのうら》審判が手を挙げ、蒼国来の足が出ていたとして勝負を終わらせた。だが、ビデオで見返すかぎり、蒼国来の足は出ていない。蛇の目の砂に、足の跡はまったくついていない。蒼国来が足の指は土俵の外についていないと強く主張してるのを見ても、誤審の可能性が高いと思う。豪風も同意しているという話も聞く。

この疑わしい判定がさして問題にもならずにスルーされたのは、田子ノ浦親方が稀勢の里の師匠だからではないか。稀勢の里が出場すべきかどうかについて、正直なところ、田子ノ浦親方は状況をコントロールできていない印象を受ける。稀勢の里は出場を、自分だけで決めて、貫いている。もちろん、力士がどうしても出るといえば親方にも止めようはないが、それ以前に相談さえされているかどうか。そのような状況にあって、田子ノ浦親方が誤審をしたとなると、批判が田子ノ浦親方に集中しかねない。それで、NHKも本当はいくつもの角度の映像から検証できるはずなのに、そうはせず、田子ノ浦親方が足が出ているというのだから出ているということでしょう、で終わらせて、この問題を封じてしまった。私にはそのように映った。

攻防のあるとてもいい相撲だったのに、こんな判定はあんまりである。いい加減にしろと言いたい。

2017年3月26日　大阪場所千秋楽

追記・審判の問題は、二〇一七年九月場所現在でも続いている。事なかれの姿勢が蔓延しているのか、微妙な一番でもなかなか物言いをつけようとしない。その結果、テレビ中継でのスロー再生で、アナウンサーや解説が「あれ?」と首をひねる場面が続出している。その最たるものが、三横綱二大関が休場という異常なこの場所の命運を決めてしまった、三日目の日馬富士対琴奨菊戦であろう。日馬富士が早くつっかけ過ぎ、力を抜いたところ、相撲はそのまま続行され、相撲にならないまま日馬富士は敗北。だが、どちらかがあまりに早くつっかけたら、立ち合い不成立で行司か審判長が止めなくてはならない。だが、どちらもその責務を怠った。これが、一人横綱の難しい立場の日馬富士を追い込んで、その後の連敗につながる要因となった。審判に場所を壊された面があると思う。

稀勢の里の連続優勝

怪我を抱えた左からの攻めを封印して右のみで相撲を取って、それでも三月場所は稀勢の里が優勝した。しかも、本割、決定戦と照ノ富士に連勝して。そのこと自体はすごいことだし、価値ある優勝だと思う。今場所は優勝の価値が下がってしまいそうになっていたけれど、それを取り戻しての優勝だし、怪我する前の一二日間、優勝に値する横綱相撲を取り続けてきたのだから、文句なしである。ただし、本割での突き落としの際、稀勢の里は照ノ富士のマゲを思いきり掴んで引きずり落としている。本来なら反則負けを取られてもおかしくないが、昨日の照ノ富士の卑怯な勝ちがこれで相殺されたということで、見なかったことにする。

ただ、もうこんなことは起こらないでほしい。怪我を押して、力士生命をも失いかねない優勝が称揚されることは、少しも喜ばしくない。稀勢の里の怪我が致命傷でなくて、また元通りの相撲が取れるようになることを祈るのみだ。

照ノ富士も、あんな無理な相撲を取り続けた結果、また膝の傷を悪化させた。今日の相撲では、膝が負荷に対してまったく耐えられなかった。こんな相撲を繰り返していたら、一時的に復活しても、すぐに力士生命の終わりが来る。負担を減らす相撲を覚える努力をしてほしい。怪我人決戦はもう見たくない。

２０１７年３月26日　大阪場所千秋楽

照ノ富士への差別ヤジ

昨日の照ノ富士対琴奨菊戦で激しいブーイングが飛び、次の取り組みの日馬富士が「聞いたこともない、すごい言葉」が聞こえ、「相撲を取るどころじゃなかった。集中してるけど耳に入ってしまう」と苦言を呈した事件。そのえげつないブーイングとは、「モンゴルに帰れ」という差別発言だった。これをスポーツ報知が見出しにとり、「照ノ富士、変化で王手も大ブーイング！『モンゴル帰れ』」と報じたのだ。

この記事を目にしたとたん、目から火が出て頭が爆発しそうなほど、私は怒りにとらわれた。この事態は幾重にも差別の野放し事件として、問題がある。

まず、「〇〇へ帰れ」は、二〇一六年に施行された「ヘイトスピーチ解消法」が禁じるヘイトスピーチ、つまり差別煽動《せんどう》の言葉だと、法務省が規定している。何がヘイトスピーチに当たるかについて、法務省は「①命や身体、財産に危害を加えるように告げる②著しく侮蔑する③地域社会からの排除をあおる――ことなどを「不当な差別的言動」として挙げて」おり、「③の「地域社会からの排除をあおる言動」は、「〇〇人はこの町から出て行け」「〇〇人は祖国へ帰れ」などが当たる」と説明している（朝日新聞２０１７年２月６日付朝刊）。つまりこのヤジは、違法な差別行為なのである。

「差別意識はなかった」などという言い訳がよく見られるが、差別の認定は、言われたほうの傷を基準に考えられている。暴力を振るったほうの言い分より、振るわれたほうの言い分を重視するのは、あらゆる暴行に対して当然の基準である。なぜなら、振るった側のほうが常に力が強いのだから、振るった側は暴力だと感じずに暴力を振るうことはしばしば起こるからだ。なので、差別の言葉も、意図のあるなしではなく、何が差別に当たるか、これまで蓄積されてきた基準で判断するべきなのだ。だから、差別の基準は、広く知らせる必要があるし、学ぶ必要がある。世界のスポーツはそれを共通の基準として理解し、差別の起こらないよう対策を取り続けている。

さらに問題なのは、スポーツ報知がその違法な差別行為に加担するような報道をしたことである。この文言を問題視するための記事ではなく、このヤジに乗る形で照ノ富士を批判する記事を書いたのである。このヤジを違法な差別だと認識していないから、安易に利用して見出しに取ったのだろう。今は、こうした行為を「レイシャル・ハラスメント（レイハラ）」とも呼ぶ。

この記事が出てから、さまざまなレベルで、この事件と記事が差別であることを批判する声が巻き起こった。さすがに、法に抵触するという事態の重大さに気づいたスポーツ報知は、「二六日付の紙面およびスポーツ報知ＨＰで掲載した大関・照ノ富士関の記事と見出しで、観客のヤジを記述した部分に、ヘイトスピーチを想起させる表現がありました。人権上の配慮が足りず、不快な思いをされた皆様におわびします」という謝罪の言葉とともに、見出しを修正した。本当は「ヘイトスピーチを想起させる」ではなく「ヘイトスピーチに当たる」と書くべきであり、まだ逃げを打っているのだが、それでもこの対応はまずは評価してよいだろう。

残る問題は、自らの主催する競技の会場で差別があったことに、日本相撲協会がどう対応するか、である。

これがサッカーのＪリーグで起こったら、間違いなくその観客は特定され、無期限の入場禁止処分が科せられるだろう。加えてクラブ側にも厳しい処置が降りるだろう。二〇一四年に起きた浦和レッズの「Japanese Only」事件では、無観客試合が科された。主催者には、その会場内での暴力を防止する責任がある。

だが、大相撲では、何も起こらない。それを究明して防止策をとることもない。ネットメディアのBuzzFeed News（二〇一七年三月三〇日付）によると、

「当の日本相撲協会は今回の差別発言問題をどう捉えているのか。

三月二九日、BuzzFeed Newsの取材に応じた協会の広報担当者は「お客様がどのような発言をしたのか、実際の音声を確認していないのでそれ以上は申し上げられない」と答えた。

確認するかどうかについては「確認する方法がない」。

差別発言に対して注意喚起をするのか尋ねると、「（観客は）相撲協会のホームページにある観戦に関する規約を守ってほしい」と話す。

差別発言に限った注意喚起をする予定はこの時点ではない」

世界中から観客が来て、世界各地から力士が入門している競技なのに、このありさまである。これでは、「日本人」力士応援のために差別はしてください、と奨励しているようなものだ。

何度も書いてきたとおり、今の本場所の館内には、聞くに耐えない差別的声援がたくさん飛んでいる。場所を追い、ブームが熱を帯びるほどに、その声援も増えて濃くなっていく。そのことが差別であり、観戦のルール上してはいけない行為なのだ、と誰も教えないからだ。いつ

の間にか、誰もがしている普通の応援がそのまま差別になっていても、気づかないのだ。

土俵上にいる力士たちには、観客の声ははっきり聞こえてくるという。「日本人ファースト」に偏った差別的な応援も、日本出身ではない力士たちには聞こえているだろう。それでも淡々と気にせずに取ってきたけれど、今度の件は日馬富士が相撲を取れなくなるほど、モンゴル力士の心を傷つけるものだった。同じモンゴル人として、また照ノ富士の兄弟子として、もう看過できないと思った日馬富士は、あえて注意したのだろう。その真意を、メディアはきちんと伝えたのだろうか。相撲協会は心に留めたのだろうか。

私は、自分の愛する相撲に、日本社会の差別文化をリードなどしてほしくない。なのに、そうなるばかりである。やりきれない怒りと悲しみを感じる。

２０１７年３月27日　大阪場所後

言葉が作る代替的事実

米トランプ政権で使われて以来、「オルタナティブ・ファクト（代替的事実）」という言葉が拡散しているが、この言葉は今の世界のありようをとてもよく示している。例えば、森友学園問題も、いわばオルタナティブ・ファクトのぶつけ合いといった様相を呈しているし、東京都の築地市場豊洲移転問題も、オルタナティブ・ファクトによる混乱だと言えよう。また、ヘイトスピーチを拡散する人たちのベースには、陰謀論という名のオルタナティブ・ファクトへの信奉があるだろう。

オルタナティブ・ファクトとは何か。ひと言で言えば「嘘」だが、もう少し丁寧に考えると、それは「言葉」だとわかる。実証的な裏付けのない、あるいは裏付けが捏造された代替的事実とは、言葉だけで作られた(偽の)事実ということになる。

オルタナティブ・ファクトがまかり通る原因(原動力と呼んでもいい)は、言葉をあまりに安易に鵜呑みにし、信じ込む、一般社会の傾向にあるだろう。

大相撲の例を挙げる。二〇一七年三月に行われた大阪場所で、モンゴル人力士に対し、差別的なヤジが飛ぶという事件があった。これを批判する意見に対し、異論を唱える人の多くが、「相撲は国技なのだから、日本人力士がひいきされるのは仕方がない」という言い方をした。ここでクセモノなのが、「国技」という言葉である。

国技とはいったい何か? 髙橋秀実『おすもうさん』(草思社)によると、それまで自前の会場を持っていなかった大相撲が、明治期に両国に専用競技場を作った際、作家に命名を頼んだところ「国技館」と名付けられ、以来、国技とされるようになった、という。それまで相撲が国技と呼ばれた記録はないそうだ。

つまり、国技という言葉自体が、いわば一私人が考え出した相撲のニックネームのようなものであり、実体はないのだ。国の旗、国の歌は法律で定められているが、国技を定める法や文書はない。それはそうだろう、「国のスポーツ」としての選定さえ経ない通称にすぎないのだから。

同書によると、それがある種の実体を持ち始めたのは、戦争期に兵士の精神を養うために、学校教育に相撲が導入された時からのようだ。日本古来の武士道の精神を身につける武道として、相撲が奨励された。外国には通じない概念の「国技」は、皇民化教育の道具として誕生したようなものなのだ。

「国技だから日本人を応援するのは当然」という理屈は、この皇民化教育の名残なのかもしれない。むろん、現代のスポーツの国際的な基準からすれば、「国技」であろうが何であろうが、出自に基づく応援は差別と認定される。

このように、「国技」と言われたとたん、魔法にかかったように考えが停止し、「ジャパニーズ・ファースト」が自明であるかのように感じられてしまう。だが現実は、多国籍の力士が集う国際競技だ。日本の伝統芸能ではあっても、もはや「日本人」の専有物ではなく、世界標準で考える必要がある。

言葉が作り出すイメージの力は恐ろしい。誤認逮捕された人は、その後無罪放免されても、「逮捕」という言葉のイメージで見られてしまう。本当は犯罪者なのではないか、と疑われれば、その人は社会的に葬られる。「ジャパニーズ・オンリー」と言えば差別だが、「ジャパニーズ・ファースト」と言い変えると、まかり通ってしまう。

インターネットが前提の現代は、多量の情報を猛スピードで消化していかねばならず、鵜呑みにしやすい感性がどうしても作られていく。すると、言葉のイメージの強さのほうが、実証性より優位に立つ。自分の無意識を、強いイメージの言葉に乗っ取られないよう、時には立ち止まりたい。

北海道新聞2017年4月8日「各自核論」

大相撲中継が「スター主義」化している

稀勢の里で相撲ブームが爆発してから、NHKの相撲中継が「スター主義」に堕しつつある。これまでは、優勝争いの直前ぐらいになるまでは、地味な力士同士の取り組みでも、その力士たちについてアナウンサーと解説があれこれと話を展開させていた。そこには、相撲中継についてのプロ意識があった。

だが今は、序盤戦から注目力士の話題ばかり。地味な力士同士の対戦になると、控えにいる注目力士にスポットを当て、同じ予想、同じ話を繰り返す。地味な力士たちの無視される度合いがひどくなっている。

勝ち馬に乗れ、と促すようなこのあり方、もうほんと、ウンザリ。ブームの観客が勝ち馬に乗り、土足で土俵を踏みにじっていくような声援のあり方は、この中継の仕方にも原因がある。

二〇一七年五月場所三日目の相撲、白鵬対千代翔馬戦で、仕切りのときに両者の呼吸が合わず立ちそうで立たなかった瞬間、館内がどよめいた。それで集中を乱された白鵬が、仕切り直しを求めた。こういうとき、館内がどよめいてはいけないのだけど（そしてこれまでなら実際に皆どよめくことなくかたずを呑んで見守っていたけれど）、今の館内はこういうことで簡単にどよめいてしまう。

呆れたのは、アナウンサーと解説が、白鵬が神経質になっている、みたいなことを言ったことだ。たぶん、あの状況なら、たいていの力士が仕切り直しを求めるだろう。

こういう物語の作り方は、やがて相撲を衰退させる。スター主義に頼ったら、地道なファンは育たなくなる。相撲の将来を食いつぶすような真似は、ＮＨＫはすべきではない。

２０１７年５月19日　夏場所６日目

相撲の持久力

五月場所七日目の稀勢の里対御嶽海《みたけうみ》の取り組み、稀勢の里は素晴らしかった。御嶽海は期待通り、鋭い立ち合いから稀勢の里の左を封じて浅く食らいつき、一気に寄り立てる。御嶽海に勝機のある攻めだったけれど、稀勢の里に左を浅く差すことを許していたのが、致命的だった。この左で土俵際、圧力のある御嶽海の寄りをこらえると、土俵中央に戻って一息つく。

これで御嶽海の勝機は消えた。御嶽海は稀勢の里がこらえたあと、自分の腰をさらに落として、すぐにまた寄る必要があった。けれど、有利な体勢ながら、御嶽海は動けなかった。最初の攻めで力を使い果たしてしまったのだろう。私にはもう疲れているように見えた。

稀勢の里は、その肉体の存在自体がものすごい圧力と重さを放っている。稀勢の里と組むだけで、その凄まじい圧力と重さに対抗するために、全体力を動員しなければならない。そのためには動き続けなければならない。遠藤《えんどう》や嘉風《よしかぜ》みたいに。

御嶽海もそうしたかったのだろうが、力尽きて、止まってしまった。こうなると、ただ組んで止まっているだけで、稀勢の里の圧力と重さを受け止めるために体力を消耗していく。最後、稀勢の里に寄られていくときは、御嶽海はもぬけの殻だった。

この相撲からわかることは、まず御嶽海は何らかの稽古がまだ足りていないのではないかということだ。成長著しく相撲は上手く力強くなっているが、横綱を倒すには体力が続かなかった。

そして稀勢の里の左腕は、だいぶ良くなっているということ。浅い左差しながら、御嶽海の寄りをこらえ、最後はその左をねじ込むように寄っていけた。つまり、次第に稀勢の里らしい相撲が取れるようになってきている。

それにしても、今場所は稽古不足の中、御嶽海に体力勝ちできるのだから、稀勢の里のこれまでの稽古の蓄積がいかに物を言っているか、ということだ。この点は素晴らしいと思う。

２０１７年５月21日　夏場所８日目

白鵬がいると土俵が締まる

白鵬の調子が、昨年（二〇一六年）の怪我以前に戻ってきた。足の指や肘《ひじ》は万全とは言えないだろうが、それでも絶好調だ。白鵬の調子がいいと、土俵が締まる。白鵬がいるだけで、土俵のレベルが上がる。それだけハイレベルな相撲を取る白鵬についていき、倒さないと、優勝できないからだ。

初場所、春場所は、稀勢の里の優勝や横綱昇進で物語的には盛り上がったのだろうけれど（私はその物語には乗れないので、盛り上がらなかった）、相撲全体のレベルは低下していた。白鵬の調子が悪かったり休んだりしたからだ。そうすると、なんとなくその場所は相撲から厳しさが失われる。白鵬の休場した場所の内容を振り返ると、だいたいそうだ。

この印象は、単なる思い込みではないことが、昨日、ＮＨＫの調査で実証された。力士の立ち合いのスピードや腰の低さ等々を、試験的にデータを取ってみたのだ。

すると、立ち合いのスピードは、白鵬が圧倒的に一番だった。速さが代名詞の日馬富士をも上回っているのだからすごい。

さらには、身長に対する相対的な腰の低さ（立ち合いのかがんだ姿勢で地面から回しまでの距離を測る。そして全員が同じ身長だとしたらどのぐらいの高さになるか、換算する）も、なんと白鵬が三位なのだ。しかも、白鵬自身で比較しても、今場所はここ二場所よりずっと低くなっている。

つまり白鵬は、十分に腰の割れた低い姿勢から、圧倒的なスピードで立つ。なので、立ち合いでほぼ確実に先手を取ることができ、余裕を持って自分主導の相撲が取れる。ただでさえ上手くて強い白鵬、立ち合いでも誰も勝てないのでは、無敵なわけだ。

白鵬がいると、この低くて速い立ち合いに対抗するべく、他の力士もレベルを上げようとする。だから、全体として取り組み内容のレベルが上がる。と、思うのです。

それにしてもインタビューの宇良《うら》は可愛いね（一二八頁参照）。

2017年5月24日　夏場所11日目

完璧な白鵬

二〇一七年五月場所、白鵬の全勝、しかも勝ちを拾ったような相撲は一つもなく、すべて完璧な勝ち方という圧倒的内容での優勝に、ここ一年半の相撲観戦の息苦しさから私も解放された。

優勝のインタビューも心憎かった。「国歌を歌えて最高の気持ち」という一方で、高安《たかやす》の大関確定に「彼のお母さんはフィリピン人ですから、フィリピンの国民の皆さんに『めでたいな』と言いたい」と述べる。途中休場した横綱の鶴竜や稀勢の里をねぎらい、高安のがんばりも評価する、この大相撲全体を支える人たちへの細やかな目配りはもう、来るべき理事長のようだ。

ここ一年半の「日本人中心主義」「稀勢の里中心主義」から解放されて、どれほど風通しよく感じたことか。

この開放感は、稀勢の里が休場したことで、稀勢の里ばかりに集中した報道が、フラットに力士全体に向かうようになったことが大きいだろう。報道はいけしゃあしゃあと、「稀勢の里に人気が集中」「稀勢の里が圧倒的に脚光を浴びている」などというが、稀勢の里シフトを敷いて「日本人力士優勝待望キャンペーン」「日本人横綱待望キャンペーン」を張ったのは、相撲協会と結託したＮＨＫと報道陣である。自分たちでブームを作り出しておいて、あたかも自然と世の中が稀勢の里を応援し続けていたような言い方をするのは、恥ずべき欺瞞だ。もちろん、稀勢の里には罪はなく、そのとんでもない重圧を受けながら、期待以上の結果を出しているのはすごいと思う。まあ、どんな相撲を取ろうが失敗しようがずっと味方でいてくれるあの絶大な人気のおかげで、これまで自分の中で安定させられなかった自信をようやく持つことができたから横綱になれた、とも言えるが。だから期待に応えたくて、怪我を押しても出場したのだろう。

高安の大関昇進も嬉しい。白鵬同様、相手の動きを見て反応することに長けているから、今場所はものすごい圧力と切れ味鋭いいなしの組み合わせで勝ち星を重ねた。パワーとうまさの光る相撲だ。これで、いなしではなくパワーの押しと四つを組み合わせた相撲を取れるようになったら、即横綱だろう。太い腕《かいな》とパワーを武器とした武蔵丸みたいな横綱になれるのではないか。

高安がフィリピン人のお母さんを国技館に招いて、その姿が映ったのも良かった。私は、何かと親を取材したり映したがる、日本のスポーツ報道の家族主義がものすごく嫌いだが、高安のお母さんの存在が普通の姿としてテレビに映るのはいいことだと思っている。高安のお母さんも、その役割を果たす使命感も持って、あえてカメラを拒まないでいるのではないか。

それはやはりお母さんがフィリピン出身である御嶽海についても同じだ。御嶽海母はもっと頻繁に国技館に来ては、友達と応援団のようになって応援している。その御嶽海は、殊勲賞受賞インタビューで、高安関の存在はどういうふうに感じているか、との問いに、「すごい大きいですね。やりとり、連絡もちょいちょいしてますけども、すぐ追いつきますと言ったばかりなんで、ヤス関の活躍をしっかり見て、追っていけたらなと思います」と答えている。経歴上は特につながりのない二人だが、ルーツを同じくする母を持つ者同士、絆を築いていて、気持ちが通じ合っているのだ、と感銘を受けた。

また今場所は、鳴戸《なると》親方が部屋持ちとして、師匠デビューした場所でもあった。ブルガリア出身の元大関・琴欧洲《ことおうしゅう》の鳴戸親方は、かつての東関《あずまぜき》親方（元・高見山《たかみやま》）、今の武蔵川《むさしがわ》親方（元・武蔵丸）に続く、外国ルーツの親方である。引退後まもなく無念にも癌で亡くなった間垣《まがき》親方（元・時天《ときてん》空《くう》）は実現できなかったが、やがて元・旭天鵬《きょくてんほう》の大島《おおしま》親方もモンゴル出身力士として初めての部屋を持つだろうし、遠い先には白鵬だってそうなるだろう（注・五月場所後に大島親方は友綱《ともづな》親方となって、友綱部屋を継承した）。

こういう力士が普通になっていきつつあるのだから、もう「日本人力士」とか、「日本出身力士」といった分け方や価値付けはやめようではないか。そういう言動は、現代において「選挙権は納税している男だけが持つもの」などと言うぐらい、古くさい。

来場所は、怪我を治して鶴竜と稀勢の里が万全の体調で出場すること、鶴竜が優勝争いに絡むこと、相星の稀勢の里と白鵬が、今場所の日馬富士対白鵬のような（近年なかなか見られないすごい相撲だった！）、ガチの横綱決戦を行うことを期待したい。白鵬も稀勢の里も、それを何より望んでいることだろう。

2017年5月29日　夏場所後

国技と伝統

一三歳で相撲ファンになって以来、一貫して相撲を見続けてきたのだが、二〇〇三年に横綱・貴乃花が引退したら私の気持ちも萎んで、ファンを辞めていた。それが、二〇一四年の中ごろ、横綱・白鵬が大鵬《たいほう》の優勝記録三二回に迫りつつあるというのを知って、気になり出した。

それで二〇一五年の初場所一三日目に、十数年ぶりに国技館に行った。白鵬が稀勢の里を破れば、三三回目の優勝を決めるという歴史的な日になるかもしれなかった。

落ち着かない、祈るような気持ちで両者の仕切りを見ていた時、私の後方のすぐそばの席から、

「日本人力士がんばれー」という声が飛んだ。私は耳を疑い、瞬間沸騰し、気がつくと「白鵬ー！白鵬ー！」と叫んでいた。

結果は同体で取り直し、今度は白鵬が完璧に稀勢の里を押し出し、優勝を決めた。

私は、白鵬の優勝を寿ぐ以上に、白鵬を歓迎しない館内の空気のほうが気になった。以後も国技館に行くたびに、「日本人」という言葉での声援を聞かないことがない。

モンゴルの横綱三人を始め、幕内だけでも常に一〇人前後の外国人力士たちが真剣に相撲を取っているのに、あの声援を聞いてどんな気持ちでいるのかと思うと、とても不快だった。こういう空気が強まり、ついに二〇一六年、二〇一七年と、モンゴル人の力士に「モンゴルへ帰れ」というヤジが飛ぶに至った。「〇〇へ帰れ」は、法務省が示した、ヘイトスピーチ解消法の差別規定に抵触する表現である。

これほど、国技館は差別的な空気が強まっている。それなのに、日本相撲協会は差別声援をなくすための措置を講ずる姿勢をまったく見せていない。そのような声援を送っている人たちにも、自分たちが差別していると自覚している人は少ないように感じる。

なぜなら、「相撲は国技だから」、である。私が、本場所での異様な空気を説明すると、しばしばこの言葉が返ってくる。「国技だから仕方ないんじゃないの？」「国技だから日本人を応援するのは当然でしょ」と。

では、サッカーの発祥の地であるイギリスで、レスターというクラブに所属する岡崎慎司選手が、プレー内容にかかわらず日本人であるという理由だけで「日本に帰れ」とヤジを飛ばされても、サッカーはイギリスの「国技」だから仕方ない、と言えるだろうか。もちろんそんなことはなく、そんな応援があったら、サッカーの世界では、口にしたファンもそのファンの応援するクラブも処分を受ける。

つまり、「国技」という言葉で差別を正当化はできないはずなのだ。それなのに正当化できるような気になってしまうのは、なぜだろう。

そもそも、国技とは何であろうか？　いろいろ調べてみても、はっきりしない。各国に国旗やらその国のシンボルとしての植物なんかが決められていることはあっても、「国技」は何を指しているか、よくわからない。「national sports」ということなら定めている国もないわけではないが、この英語を訳しても「国技」にはならない。

ようやく見つけた答えは、髙橋秀実『おすもうさん』（草思社）の中にあった。明治時代になって相撲を近代化していく過程で、それまで存在しなかった相撲専用の常設施設を作った。この建物を小説家の江見水蔭《すいいん》が「国技館」と名づけたとき、初めて相撲は「国技」と呼ばれるようになったというのである。

「つまり「国技」とはたまたま付けた建物の固有名詞で、それがいつの間にか抽象名詞に変わっていったということである」（『おすもうさん』）。

しかも、相撲の近代化自体、外からの目線で始まった。相撲好きだった板垣退助が音頭をとって、外国からのお客さんも見るのだから、江戸時代の相撲のままではみっともない、文明開化後の日本にふさわしい姿にしよう、ということで、よそ様に見せても恥ずかしくない形に整えられたのだ。その時に、行司の衣装や土俵の儀式なども、いかにも古い日本っぽく、いわばエキゾチックに映るように決められたという。

これが「国技」の実体である。何しろ相撲は歴史が古くて、記紀に記述があるという説もあるし、奈良時代には宮中の行事として相撲節会《すまひのせちえ》が行われていたり、江戸期には大衆芸能だったりと、古来からの伝統芸能であることは確かだ。けれど、その時代時代でアレンジされ、目的も変わり、廃れたり流行ったりしており、密教のごとくずっと同じ流儀や意味が守られているわけではないのだ。今の近代相撲は、「国技」とされてから、西洋人が喜ぶように和風に仕立て上げられ、ルールも近代合理主義を取り入れてスポーツとして整備された。伝統的に見えるものは、じつは明治期以降の近代に作られたものがかなりを占めているのである。

しかも、相撲の起源を実証的に探索した名著、宮本徳蔵『力士漂白』（講談社文芸文庫）によれば、相撲の起源はモンゴルに遡る。そこから中国を経て日本に至ることが、中国東北部に残された五世紀ごろの壁画でわかるという。その絵は、今の日本の相撲でも一〇年おきぐらいに横綱が披露する三段構えの格好を描いたもの。相撲という「国技」は、日本独自の伝統というより、東アジアに共通する伝統の、日本バージョンなのである。

『おすもうさん』によると、昭和初期の戦時体制下になると、この「国技」という言葉が国粋主義の徹底に利用される。相撲は国技だから忠君愛国の精神を涵養するもの、とされ、全国の学校に土俵が作られ、一九三六年には相撲が尋常小学校で教科化される。

このような歴史の残滓《ざんし》が、「国技だから日本人が応援されて当然」という感覚に結びついているのかもしれない。「国技」という言葉は結局、時代ごとに相撲がどのように作り変えられてきたか、その事実の積み重ねとしての歴史を見えなくさせ、歴史を調べたり考えたりすることを止めさせ、漠然とした伝統のイメージだけを広めてしまう、一種のキャッチコピーとなっているのだろう。

このことからわかるのは、伝統を持つ文化や習慣について知りたいとき、その起源をたどっていくのはいいけれど、起源のあり方を礼賛して本質と見なすのは間違っている、ということである。血統の証明は、たいていは、それがいかに純血で正統か、という優生思想的な線引きを作り出す。だから、「伝統」を持ち出して現状の相撲の問題点を正当化しようとしても、無理があるのだ。その「伝統」自体、どこまでが昔からの伝統で、どこからが近代に新しく作られた「伝統っぽいもの」なのかは、線引きしきれないのだから。現状を正当化する「伝統」は、たいていは伝統ではなくて本当は「利権」と呼んだほうがいいものだったりする。

重要なのは、今の時代に合う形に改変を重ねることで、常に相撲を更新していこうとする姿勢だろう。日本国籍がないと親方になれないだとか、女性が土俵に上がってはいけないだとか、そんな過去の遺物と化した利権でしかない決まりごとは、変えたところで相撲の魅力が減るどころか、増して豊かになるばかりだと思う。歴史は動いているときに輝きを帯びるし、私たちを惹きつけるのだ。

「本郷」２０１７年９月号

宇良には、あらゆる観客をスー女にする才能がある

この名古屋場所、白鵬が千代《ちよ》の富士《ふじ》の通算勝ち星一〇四五勝に並ぶという大記録の達成を、宇良が「裏返した」（前日、白鵬は、宇良をすくい投げで破り一〇四四勝目を上げた時に、「宇良を裏返したね」と言った）。

宇良は連日の横綱戦で、九日目は日馬富士戦。もちろん初顔合わせである。前日の白鵬戦で、横綱の圧倒的強さを感じたばかりで、少しでも自分の相撲が取れれば、と思うのが精一杯だっただろう。

ところが、横綱のお株を奪うような低くてうまい立ち合いで、日馬富士の右腕を手繰《たぐ》ると、日馬富士がついていけないほどの素晴らしいはしっこさで体を開き、とったりで横綱を土俵外に振り回して出した。その瞬間こそ気合の入った表情をしていたが、土俵を降りると、いつものキョトンとした小動物のような顔に戻る。

そして、語り草となるだろう、殊勲インタビュー。小さな声でおどおどと答えるうち、唇が

わななき始め、ついには素で泣き出してしまった。

あの瞬間、「宇良、可愛い！♡」と思わないでいられた人は、どのぐらいいただろうか。大スター誕生の瞬間を目撃してしまった。解説の北《きた》の富士《ふじ》さんも「ダメだよ、泣かしちゃ。こっちまでおかしくなるじゃん」と言い、大相撲の将来を担う中堅アナウンサー、佐藤洋之アナも「私たちも涙腺が緩むような感じになりました」と打ち明ける事態に。宇良は、年齢やジェンダーにかかわらず、観衆の誰もかもを「スー女」に変えて、スー女的相撲の楽しみ方をさせてしまうのだ。

相撲好きの間では、幕下のころから面白い相撲を取る異能力士として期待が高く、番付を上げるにつれ、人気もぐんぐん上昇していった。体の小ささを補う、レスリングで培った特異な低い姿勢の立ち合い、後ろに二七〇度くらいのけぞっても倒れずにまた元に戻れる体の柔らかさ、しなやかさ、背中側に回った相手に技をかける技能。唯一無二の力士である。

けれど宇良の魅力は、それだけではなかった。スー女たちから「わんわん」との愛称を授かっている横綱・鶴竜の後を継ぐような、動物的愛嬌に満ち満ちているのである。

私が宇良に萌えたのは、十両に上がったばかりのころ。ピンク色をこよなく愛する宇良は、後援会からピンク色のマワシを作ってもらった。そのマワシが届いた日を、ＮＨＫの取材が捉えていた。付け人たちが大きく広げて伸ばしたピンクのマワシを前に、嬉しくなった宇良は、なんと両手を大きく広げて、マワシの上を転がるように、くるくると回って舞ったのである。

鼻歌も歌っていたかもしれない。それはおどけて見せたというより、素で喜びのあまり踊ってしまった、という感じだった。可愛すぎた。

以来、宇良の相撲とともに、宇良の仕草が楽しみになっている。高見盛《たかみさかり》みたいな魅力といってもいいかもしれない。

この名古屋場所でやはり萌えたのは、六日目、一度も勝てない宿敵、貴景勝《たかけいしょう》との一番。宇良は大学時代、貴景勝がまだ中学生の佐藤だったころから対戦したことがあり、そのときから大相撲に入って幕内に至るまで、貴景勝には勝てていないのだという。宇良とほぼ同時に十両に上がって出世していった佐藤は、明らかに宇良を強烈にライバル視していた。宇良だけには絶対負けないという、強い敵愾心《てきがい》を隠さなかった。そこには、おまえのほうが注目されてるけど、実力では俺のほうが上だ、おまえなんて相手にもしない、という傲慢なまでの自負がのぞいていた。

その貴景勝に宇良は、今場所、初めて勝ったのである。立ち合い右に変わって腕をたぐって引き落とし。そのとき宇良は、さらに右上手を取ろうとしたのだが、もう貴景勝は落ちており、熱いものに触って手を引っ込めるように、慌てて両腕を上げた。嬉しそうな顔とともに。サッカーで、審判にファウルしていないことをアピールするような姿勢だ。

いちいちこういう仕草に愛嬌が詰まっている。そしてそれが炸裂したのが、日馬富士から金星を挙げた後のインタビューだったというわけだ。

幕内に上がったばかりの宇良は、まだ前に出る力が弱く、立ち合いでも相手を押し込めないどころか、しばしば相手の圧力に後退したり落ちたりした。ほとんど先手を取ることができなかった。

そのころ宇良は、自分は変わった決まり手を狙っているわけではなく、本当は強い立ち合いから相手を一気に押し込んでいく相撲を取りたいし、そういう稽古をしている、というようなことを言っていた。

それが実ってきたのが先場所だ。それで一一番勝ったが、技能賞も敢闘賞ももらえなかった。けれど、今場所は先場所以上に、目に見えて前への圧力が増している。初日の相撲でそれを感じた。立ち合いもがっちり相手を止められるから、自分の得意な間合いで相撲を取れる。相手が宇良の姿勢を嫌がっているうちに、土俵際に追い詰める出足もついた。体重もだいぶ増えたという。宇良が地道に取り組んできたことが、実を結び始めているのだ。だから苦手な貴景勝にも勝ったし、金星も上げることができたのだ。

宇良のこの控えめで自己顕示欲の薄い性格は、じつは北勝富士《ほくとふじ》と共通するところがあると私は思っている。でも宇良は可愛いので、人気は爆発する。北勝富士も本当は可愛いよ。

そんでもって今日一〇日目の高安戦もいい一番だったね。ああ、見てよかった、という充実感がある。ちびっこ相撲に本物の大関が来た！　みたいな対戦だった。あのぶつかりげいこみたいな、下がっての突進とか、終わってから引き上げる時の、花道で息荒くフーフー言いながら、道を間違えるところとか、宇良は全部が宇良。

白鵬の通算勝ち星新記録達成と日本国籍取得の意向について

２０１７年７月18日　名古屋場所10日目

白鵬が達成した、通算勝ち星一〇四八勝という偉大な記録の価値と重みは、優勝回数以上に、本人にしかわからない。最も密接に、日常の稽古と結びついた記録だから。

一六歳での初土俵から九七場所。一〇四八を単純に九七で割ると、一〇・八。毎場所、一〇勝以上あげてきた計算になる。幕下までは七番相撲だから、関取での勝率は一一勝以上になるだろう。毎場所平均一一勝している力士と思うと、そのすごさに震えが来る。大関昇進の目安が三場所で三三勝だから、白鵬は毎場所、大関になれるんだよ！

白鵬はこの記録を達成する朝、「この時代の相撲ファンでよかったと思ってもらえる一日にしたい」とメディアに語っている。この時代の相撲ファンで本当によかったです!!　私はわずか三年の白鵬ファンだけど、貴乃花ファンだけで終わらなくてよかった。あのころのような関わり方はできないけれど、今はあのころにはできなかった相撲との関わり方ができている。

ＮＨＫが粋な計らいだったのは、藤井康生アナウンサーをこの日のテレビの実況担当にしたことだ。藤井アナはすでにＮＨＫで定年を迎えているが、何しろ相撲アナウンサー界の歴史において、白鵬クラスの名横綱と言ってよい存在なのだ。その相撲界への無尽の貢献、白鵬を入門時から見てきた伴走者として、この日を実況するのに藤井さんほどふさわしい方はいない。

じつは魁皇《かいおう》の一〇四七勝に並ぶかもしれなかった一一日目にも、藤井さんは実況を担当した。けれど白鵬は御嶽海に負けてしまったので、一日置いてまた一三日目の単独トップの記録となる日に、再び実況を担当したのである。三日で二回とは異例だが、何としても藤井さんにこの記録の日を捧げたかったのだろう。「ただ独りの頂」、忘れません。

しかも、解説は北の富士さんという、黄金コンビ。あと何回これが聞けるのかと思うと感傷的になるほど、深いところで気心の通じた二人の掛け合いは、私の相撲心に染み入る。向正面の舞《まい》の海《うみ》さんというのも定番だが、藤井さんは、白鵬の大記録に水を差しかねない不快な発言をするであろう舞の海さんを見事にコントロールして、被害を最小限に食い止めた。この手綱さばきも、相変わらず見事だった。

御嶽海戦では、これまで見たことのないほど緊張で動きのおかしな白鵬が、無駄のある動き（外掛け）で負けた。この記録がどれほどの重みなのか、あの時に私はほんの少し感じることができた。いわゆる横綱相撲で記録を達成しようとして失敗して、白鵬はそんな体面をかなぐり捨てたのかもしれない。翌一二日目の玉鷲戦は、なりふり構わず気迫をむき出しにした。肘でのかち上げ、張り手。玉鷲を面食らわせて隙を作らせるために何でもした。

一三日目の高安戦も同じだった。右に少しずれて立って高安のかち上げをかわすと、高安に攻める隙を与えずに、強烈な右おっつけと左ノド輪で押していく。高安が本来取るような相撲を、高安にしかける。高安のほうが緊張したのか、白鵬の迫力に気圧されたのか、館内の雰囲気に呑まれたのか、動きが硬かった。何をしていいのかわからないかのようだった。一瞬見合う場面があったが、ここでも先に動いたのは白鵬。右のおっつけ一本で高安の体がめくり上がり、突き落とされた。高安は、白鵬の「気」で転がされたようなものだ。

横綱のこの迫力は、そう滅多に見られるものではない。それがこの二日間、炸裂した。道なき断崖絶壁に道をつけてただ独り進んでいくというのは、そういうことだ。岩を吹き飛ばして道を作るためには、白鵬とてあらゆるエネルギーを総動員せねばならないのだ。本当にすごいものを見た。

一四日目の解説で、元旭富士《あさひふじ》の伊勢ケ浜《いせがはま》親方が、白鵬は若い時は強引に右の差し手をねじ込んで勝てたが、弱点でもあった、それだけで勝てない今は、その強みに加えて、相手の相撲に合わせてものすごく考え抜き研究し尽くした手で臨んで来るから、隙がない、前より強くなっている、と指摘していた。

まさに！　私も貴乃花の相撲に心酔していた身としては、横綱相撲へのこだわりはあった。けれど、最近の白鵬を見ていて、白鵬は「横綱相撲」のその先へ行っているのかもしれないと思うようになった。横綱としての在位はあと三場所で北《きた》の湖《うみ》の記録を抜く。それだけの長い期間横綱をほとんど休まずに務めている力士は、歴史上、誰もいないのだ。横綱として、未知の領域を行く白鵬の相撲は、これまでの通念では測れない。私が最近思う横綱の真髄は、「負けないことの圧倒的な強さ」だ。

その白鵬が、引退後に相撲協会に残って親方となるために、日本国籍取得を考えていることが、報道された。モンゴル国籍からの離脱は難しいとずっと口にし、相撲協会の国籍条項の見直しを暗に求めてきた白鵬が、このタイミングでその意向を解禁したことに、私はショックを受けてしまった。民進党の代表に就いた蓮舫《れんほう》議員が国籍の件で攻撃され、蓮舫がそれに屈して戸籍の情報を一部開示するかのような真似をしたことがあっただけに、このタイミングはつらすぎる。白鵬がそんな決断をしなければならない相撲協会のあり方と、社会の常識に、心の底から失望した。少し前に「世界大角力共和国杯」(「新潮」二〇一七年六月号)という短篇小説で、国籍条項が撤廃され世界競技化した大相撲を描いた身としては、忸怩たる思いだ。

なぜメディアは誰もこの差別性を問題視しないのだろう、と苛立っていたら、今日七月二二日付の東京(中日)新聞の特報面で、この問題を真正面から取り上げていた。さすが、東京新聞!

その中で、このような指摘がある。

「スポーツ関係の法律に詳しい小倉秀夫弁護士は、相撲協会の規定は「労働者の国籍、信条又は社会的身分を理由として、賃金、労働時間その他の労働条件について、差別的取り扱いをしてはならない」と定めた労働基準法第三条に抵触する可能性があると指摘する」

「伝統が、差別的取扱いをしていいという理由にはならない。相撲協会だけ特別扱いをするという理由は何もない。何の合理性があって続けているのか」

また、中島隆信慶應大学教授は、「究極的には国民がこの制度をどう考えるか、ということ。公益財団法人に移行した相撲協会は、国民と常に対話を続ける必要がある」と言う。

でも私が感じるのは、今の大相撲ブームに乗って、日本相撲協会はその閉鎖性、利権意識を改める気持ちなど、つゆほどもないということ。さもなければ、国技館内で「モンゴルに帰れ」という、「ヘイトスピーチ解消法」に抵触しかねない差別ヤジが飛んだことを放置したりはしないはずだ。

今の日本相撲協会は、白鵬が協会員となって乗り込んでくることを恐れているのかもしれない。白鵬が親方となって、やがて協会の幹部となれば、その卓越したリーダーシップと人望とで、協会や相撲界のこの閉鎖性、差別性を変えてくれるだろう。モンゴル出身の友綱親方(元旭天鵬)や錦島《にしきしま》親方(元朝赤龍《あさせきりゅう》)もいるし、ブルガリア出身の鳴戸親方(元琴欧洲)もいる。これから外国人の親方はもっと増えるだろうし、こんな不快で時代錯誤きわまりない差別的な国籍条項など、撤廃してくれるだろう。

２０１７年７月22日　名古屋場所14日目

白鵬の横綱相撲

二〇一七年名古屋場所で魁皇の幕内通算一〇四七勝を抜いた白鵬。しかし、その相撲内容がどうなのか、横綱相撲ではないのではないか、と批判する人たちが後を絶たない。横綱とはどんな相手も立ち合いでしっかりと受け止め、それでも自分の形になって勝つものである、最近の白鵬は立ち合いで左右に変化したり、右ひじの角を相手の顎にぶつけるようなカチ上げに行ったり、張り差しを常用したり、相手の頭を手で押さえるようなことをしたりと、相手をかわすことが多く、立ち合いで逃げている、というわけだ。特に今場所はこの立ち合いがクローズアップされた。

横綱・貴乃花に心酔していた私も、長らくこの「横綱相撲」観を信奉してきた。事実、貴乃花はそういう相撲を、究極の姿として追求していたと思う。そのために、無理して体重を増やした。どんな相手でも立ち合いで受け止める横綱相撲を実現すべく、二五〇キロ前後の巨漢怪力の小錦《こにしき》や曙《あけぼの》や武蔵丸をも受け止められる体を作ろうとしたのだ。その結果、貴乃花にとっての理想的な体重よりも一〇キロから二〇キロ、増やすことになった。この体重増が、貴乃花の体を蝕《むしば》んだ。無理な増やし方により、内臓を壊した。体重の負担から、背中を痛めた。さらに、あの力士生命を終わらせた膝の怪我も、体重があそこまで重くなければ、もっと軽く済んだかもしれない。

「横綱相撲」の理想は、「後《ご》の先《せん》」とよく言われる。立ち合いで相手に先手を取らせたように思わせて、実はこちらが先手を取る。相手に攻め急がせた上で、自分の形になって勝つ。貴乃花はそういう相撲を取っていた。白鵬も数年前はその相撲の実現にこだわっていた時期があった。とはいえ、横綱同士など、力の拮抗した相手にはなかなかできるものではない。それでも、貴乃花や白鵬は、横綱相手にもそんな相撲を取ったことがある。

この「後の先」について、白鵬は今場所（二〇一七年名古屋場所）後のインタビューで、こう述べている（「クローズアップ現代」、二〇一七年七月二四日放送）。

「『後の先』は精神的に大変なものがあって、『後の先』を一五日間やるんであれば、富士山の上にもう一つ富士山、そのてっぺんに『後の先』がある。一五日間戦って『後の先』を一番多くやった取り組みで三番ぐらいじゃないですかね」

つまり、これを実現するには、普通の相撲の何倍もの労力と集中力が必要なのだ。とても一五日間はもたない。「後の先」に象徴される「横綱相撲」は、ものすごく負担を強いるのである。貴乃花ほどの天才かつ努力家でも、力士の寿命を縮めざるをえなかったほど。

貴乃花が「後の先」で取れる相撲の限界を超えた、その先に白鵬は進んだと考えてよいのではないだろうか。何しろ、優勝回数、通算勝ち星、その他どこを取っても、白鵬と同じ経験をした横綱は歴史上存在しないのだ。皆、その前に引退している。白鵬は、無理を重ねて身体を壊す前に、別のあり方を模索した。それが今の白鵬の相撲で、まったく未知の、誰も知らない、初めて見る「横綱相撲」なのである。

これを見事に解説したのが、私の敬愛する元横綱・旭富士の伊勢ケ浜《いせがはま》親方だ。名古屋場所一四日目にテレビ解説で登場した伊勢ケ浜親方は、こう指摘する。

「(白鵬は)考えていますね。この相手だったらこうやっていけば勝てるというのを自分で持っていますから。以前は左の前まわしを立ち合いですぱっとつかむ。自分の形になるというのはありますけれどね。それも持ちつつ今は考えて取っているので、そのときよりも強くなっていますね。強引に自分の形にならなくても勝てるということで相撲の幅が広がっています。(体力の衰えという見方については)逆に下半身がしっかりと安定していますから、しっかり四股を踏んでいる証拠です」

伊勢ケ浜親方の解説の特徴は、極めて具体的で実証的で、根拠のない想像や精神論でものを言わないこと。そのため、予想を尋ねられても「わかりません」とそっけない。それだけに、この分析には重みがある。

また、北の富士さんも千秋楽の解説で、舞の海さんの「(白鵬が立ち合いでいろいろしてくるのは)余裕がなくなってきたとも言えると思う」との指摘に、こう言っている。

「余裕がなくなったという見方は、ぼくは反対だな。余裕ができて、何でもできるようになった、と言ったほうが当てはまるんじゃないかな。以前のように受け止めて勝つという相撲は確かになくなりましたけど、その代わり多彩になってきたよね」

私から見ても、今年（二〇一七年）の白鵬は隙がなくなった。どんな相撲をしかけられても、かわして勝ってしまう。これは、どんな立ち合いも受け止めるのとは別次元で、どんな相手でも勝てる相撲を完成しつつあると言えるのではないだろうか。

他の横綱が、白鵬のように多彩な立ち合いで相手の力を削いだとして、その後の攻防で勝てるだろうか。象徴的だったのが、一〇四八勝の新記録を打ち立てた高安戦だ。高安の強烈なぶちかましを、やや左にずれるようにして威力を半減させてから、白鵬は強烈なおっつけで高安を転がした。本来なら高安が取るべき相撲だ。立ち合いで立った後、白鵬は圧倒的に強いのである。白鵬のような立ち合いをすれば皆勝てるわけではないのだ。その後の攻めの速さ、低さ、勝負勘等々、すべてがそろっていないと、あの立ち合いで勝てない。私たちがこれまでイメージしてきた横綱相撲より、一次元高く進化したと考えるほうが実感として正しい。白鵬は強くなっているのである。

優勝した後の白鵬自身の言葉を引こう。

「昨日の伊勢ヶ浜親方の解説にありましたけど、やっぱりさすが横綱、見抜いてくれたなっていう、感じでありましたね。やっぱり、型を作らないといけないんですね。型を作って、そこからいろいろ学んでいかなければいけない。型も何もないでいろいろやってちゃダメだと。今は、右四つっていう絶対の自分の型がありますから、この型の、このベースがあるから、いろんなことができると思うんですね。それはある意味で円熟っていうか、そういう域に来ているのかなって、自分は感じてますけどね。そんな深くは考えてないんですけどね（照れ笑い）」（優勝直後のNHK「サンデースポーツ」、七月二三日放送）
「相撲道への探究心に衰えは感じられませんが、それは相撲を楽しんでいるということですか」との質問に、
「自分は「楽しい」って言葉はあんまり好きじゃないんですよ。こんなにつらいことを、こんなに体いじめて追い込んでやることは……。たぶん、伝統文化、神事というより、今の大相撲はスポーツになってると思うんですよ。もうアスリートなんですよ、みんな。だから結果は残さなきゃいけないし、そういった意味で、勝たなきゃいけないっていう立場にあれば、楽しいことはありません。もう必死です」（同）
立ち合いに変化してでも勝つことが大事か、との質問に、
「うーん、難しいね。野球で言えば、ピッチャーはずっとストレートを投げないといけない、変化球を投げちゃいけない、というと、肩が壊れてしまう。それで結果を出せるかは、わからない。型を持って型にこだわらない。今は本当に、離れてよし、組んでよし、その域に来たのかな」（「クローズアップ現代」）
相撲はもはやスポーツであり、力士はプロのアスリートとして結果が求められている、という白鵬の指摘は正確に現状を捉えている。まるでオリンピックで日本選手が応援されるかのように「日本人力士」が応援されるのも、ファンが結果を求めるから

だ。実際のところ、どの力士よりも相撲の伝統芸能としての側面を研究し、横綱の像を追求している白鵬だからこそ、相撲のスポーツ性を実感しているのだろう。負ければ引退、という独特の性質を持った横綱のあり方と、競技者として優れている強さとを、両方実現しつつあるのが今の白鵬なのだ。

何度でも言うが、今、私たちは、これまで存在しなかった新しい横綱像の誕生を目撃しているのである。この歴史的画期に立ち会える僥倖を素直に享受したほうが、相撲ファンとしてずっと楽しいではないか。未知のあり方が作られていくのを目の前にして興奮できないなんて、損をしている。「こんなの横綱相撲じゃない」と拒絶反応を起こしている場合ではない。

例えば、ワールドカップの優勝経験もあるイタリア代表のゴールキーパー、ジャン・ルイジ・ブッフォンは、現在三九歳だが、いまだに世界でも第一人者である。そのブッフォンのプレーについて、「年齢的な衰えでスピードや余裕がなくなった」などという言い方はしない。現役の代表正ゴールキーパーとして結果を残している限り、そのプレーはそのものとして評価される。スピードを経験で補う、といった言い方をしても、あまり意味がない。誰もが年齢にかかわらず、自分に足りないものを他の要素で補うことで、結果を出しているのだから。そこから生まれる創造性にこそ、私たち観客は酔いしれるのだから。

それを圧倒的な結果を出し続けている白鵬についてだけ、「年齢的に衰えた」「余裕がなくなった」と言うのは、貶めたいがために出てくる言葉である。白鵬のような立ち合いをしたからといって誰もが勝てると思うな、ということである。それは白鵬の相撲全体の一要素に過ぎない。白鵬について横綱相撲が云々と批判したくなるのは、半分は、これまでの横綱相撲観に縛られているせいであり、もう半分は白鵬をとにかく腐したいという劣情からであろう。後者の根っこにあるのは、差別的な感情である。

書き下ろし

相撲ルーツの旅

二〇一七年名古屋場所の白鵬の優勝インタビューで私が興奮したのが、初代若乃花《わかのはな》の二子山《ふたごやま》親方が一九九二年にNHKの番組でモンゴルを訪れた際、まだ六歳だった白鵬と出会っていたという事実である。白鵬は次のように語っている。

「この（六〇年前に始まった名古屋場所最初の優勝力士である）若乃花さんと私、じつは縁がありまして、ちょうど今から二六年前に、相撲の世界の、相撲のルーツってことで、（若乃花関が）モンゴルを訪ねたんですね。私の父と対談しまして、そのころ私六歳で、若乃花関からお菓子をいただいたんです。それがなんと、うまい棒だったっていう（笑）。この記念すべく名古屋で大記録を達成して、縁を感じております」

驚いた。私はまさにこの非常に印象的だった番組を見てモンゴル相撲を知り、強烈なインパクトを植えつけられたのである。初めてのモンゴル人力士、旭鷲山《きょくしゅうざん》と旭天鵬が旧大島部屋に入門したのはその前年の一九九一年だから、相撲界はモンゴルを始め、海外に目を向けていた時期だったのだろう。実際、一九八〇年代から九〇年代は、大相撲の海外公演・海外巡業が盛んだった。理事長の栃若時代、つまり春日野《かすがの》理事長と二子山理事長の時代は、大相撲の門戸を海外に開き、また海外に普及させようという意識が強くあった。海外を席巻する日本経済と軌を一にしていたとも言えるが。

二子山親方のこの旅は、相撲のルーツを探る旅として、韓国やモンゴルなどの東アジアを始め、トルコ、エジプト、セネガル、スイスと、まさに世界中を回っている。ＮＨＫスペシャル『土俵の鬼の旅路・二子山勝治《かつじ》が見た世界の相撲』というタイトルで、一九九二年一一月八日に放送されている。番組を手がけた石田雄太氏が、『二子山勝治・相撲ルーツの旅』（ＮＨＫ出版）という本にもまとめている。けれど、白鵬がこのエピソードを語った時、実況の三瓶アナウンサーも解説の北の富士さんも、この番組のことも二子山親方の旅のことも知らないようだった。

もっとも、本によると、この年のモンゴル相撲「ナーダム」（年一回だけ行われる）には、白鵬のお父さんである横綱・ジグジドゥ・ムンフバトは、腰痛のため欠場している。

呆れたことに、ネット上では、白鵬が「日本の国技である相撲のルーツはモンゴルだとぬかしている」などと暴言が飛び交った。しかし、二子山親方は、一五〇〇年の伝統がある日本の相撲のルーツは、二五〇〇年の歴史があるモンゴルや中国東北部あたりの相撲だと思い、源流を見たいと熱望して、理事長を辞めた後でこの旅に臨んだのだ。なぜなら、その地域から相撲が日本に入ってきたであろうことは、多くの歴史家が指摘していることであり、それを裏付ける壁画等も存在しているから。宮本徳蔵『力士漂泊』（講談社文芸文庫）もその資料の一つだ。

ネット右翼の、都合よく捏造された架空の言い分を事実と信じたがる性質にはもはやつける薬はないが、今ブームに乗って相撲を見ている、特にネトウヨでもない人たちが、実は似たような「国技」観を漠然と持ちながら、「日本人ファースト」の応援に乗っかっていることは見過ごせない。相撲は日本だけのものではない。東アジアに共通する歴史を持ち、それぞれの地域で独自の色を持つようになっただけである。

白鵬は、テレビのインタビューで、今の大相撲は、伝統文化、神事というよりスポーツになっている、力士はもうアスリートなのだ、だから結果を残さなきゃいけないし勝たなきゃいけない立場にある、と語っている。

近代化以降、特に戦後は、相撲はスポーツの要素を強めていった。だから記録も重視されるし、勝負に本気さを求められもする。何より、「勝て、勝て、日本人」の大声援が、まるでオリンピック等の国際スポーツの応援のようではないか。伝統芸能の「国技」ではなく、国際的なスポーツだから、勝つことに異様なまでの要求があるわけだろう。そのことを白鵬が誰よりもよく感知し理解しているのは、まさに力士というアスリートのチャンピオンだからだ。

２０１７年７月24日　名古屋場所後

第4章

「スー女」は大相撲の未来を担う

大相撲の未来、スー女と外国人親方

この本では大相撲が差別の温床となろうとしている現状について、あれこれと批判を書き連ねているけれど、希望をもたらす変化もたくさんあって、その最大のものが「スー女」こと「相撲女子」の存在だ。私は大げさでなく、スー女が相撲を救う、と本気で思っている。

だからこそ、スー女のパイオニアと言えるライターの和田靜香さんとの対談を、本章に収録させてもらった。

そもそも、八百長問題を止《と》めとして二〇一一年に大相撲が存続の危機にまで落ちた後、相撲人気を復活させたのは女性たちだった。相撲がブームになったからスー女が誕生したのではなくて、スー女たちが現れたから、相撲は存続を許されたのだ。

その要因はいろいろあり、二〇一四年から相撲ファンに復帰した私も詳しく承知はしていないのだが、スー女のバイブルである和田靜香著『スー女のみかた』（シンコーミュージック）によると、まず、二〇一一年の秋にフリーペーパーの『TSUNA』が誕生したのが始まりだった。相撲をほとんど知らなかった竹内一馬さんという元ミュージシャンが、豊ノ島《とよのしま》に触発され、人生を懸けて創刊したのだ。取り組み分析や戦術やデータ偏重の一般の相撲雑誌とはまるで違い、見かけはポップでおしゃれ、中身は相撲のアイテムや習慣を素人目線でわかりやすく解説したり、力士の日常の面白い個性を切り取ったりと、間口を広げて魅力を放つ冊子である。戦いを見るための解説ではなく、相撲というエンターテインメントを楽しみ尽くすことに主眼が置かれている。これが「年季の入った大相撲ファン」という壁に風穴を開け、それまで相撲に無縁だった女性たちの目に留まり、じわじわと関心を引いていく。

そして二〇一三年の、遠藤《えんどう》の入門である。すでに相撲に関心を持つ女性が増えていたところに、極上のアイコンが登場したのである。これで相撲女子人気が爆発する。さらに二〇一四年になると、逸ノ城《いちのじょう》の入幕だとか白鵬《はくほう》の大記録挑戦だとかが、人気に拍車をかけた。

スー女がすごいのは、このどれをも堪能し尽くすことだ。相撲に関わることは何もかもが楽しい。知れば知れるほど、その愉楽が増す。そこにいれば非日常のファンタジーを味わえるから、国技館や巡業にせっせと足を運ぶ。楽しむためなら、どんな困難も金欠も克服してしまう。

この姿勢、私は韓流ファンの女性たちから学んだ。私は二〇一二年に三カ月ほどソウルに滞在し、語学学校に通ったのだが、クラスの六、七割を占めるのは韓流ファンの日本の女性だった。ヨン様ブームが起きた当初、私は韓流ファンを漠然と鬱陶しく思っていた。けれど、実際に知り合った韓流ファンの人たちは、好きなことのために韓国にまで来て、言葉も習得し、不十分な韓国語ながら飲食店などでバイトをするなど、積極的に韓国社会の中に溶け込んでいこうとするのだった。

おりしも日本社会では、朝鮮半島ルーツの人を言葉の暴力で傷つけるヘイトデモ、ヘイトスピーチが隆盛を極めつつあったので、めまいのするほど対照的な人生に思えた。憎しみ罵り傷つけることに全精力を傾ける人生と、好きなことのために身も心も労働も捧げて言葉を学び違う社会で生きる人生と、どちらが豊かで楽しく自分を誇れるかといったら、言うまでもなく後者だろう。好きなもののために境界をどんどん超えていく韓流ファンたちのエネルギーは、誰にとっても希望のモデルケースだと思うようになった。もちろん、どんな分野にもネガティブな出来事は起きるし、そういう人もいる。だが、それはごく一部に過ぎない。ネガティブであることこそを目的とする差別主義者たち以外は。

スー女も基本的な姿勢は韓流ファンと同じだ。だから、高齢のおじさんを中心とした旧来のファンや、罵りたいがために相撲ブームに乗ってくる連中と違って、貶《おとし》め嫌うという否定的な意識は希薄で、好きであること、好きになろうとすることに労力をかける。スー女たちは、例えば白鵬がモンゴル人であることを、何らかのヒエラルキーの材料にしない。モンゴル出身であることも、たんにキャラクターの一要素なのだ。属性で力士たちを線引きしようという発想自体がない。だから、風通しがいい。

むしろ、逆である。線引きし、貶めたり排除したりしようとする動きには、強く反発する。なぜなら、それらは、スー女たちの大切にしている大相撲という世界を破壊するものだから。自分が大切にしているものが壊されようとすれば、敢然と立ち向かう。立ち向かうまでしなくても、不快感を隠さず、同調しない。

かつてならただの地味なアンコ型力士にすぎなかったであろう千代丸《ちよまる》が、愛くるしいアイコンとなったのも、スー女の力だ。おじさんたちが軒並み厳しくこき下ろす横綱・鶴竜《かくりゅう》が、可愛さの象徴として別格の人気を誇るのも、スー女のおかげだ。スー女たちは力士に独自のニックネームをつけ、親しんでいる。味気なかった国技館が、テーマパークのように華やかなワンダーランドになったのも、スー女のためだ。行司や呼び出しや床山までが脚光を浴び、キャラクター付けされてファンがつくようになったのも、スー女の作り出した文化だ。力士の浴衣や行司の衣装が見ていて楽しく感じられるようになったのも、スー女がそこに注目したからだ。メディアと世間からあれだけ嫌われた朝青龍《あさしょうりゅう》が、スー女にかかれば、どんな時でも黙らずにはっきりと物を言う「朝さま」として尊敬される。これもスー女の功績だろう。

スー女たちは、それまでの男を中心とするファンたちには見えない大相撲の価値を、ものすごい探求力で発掘し続けているのである。その中には、旧来のファンが無価値として捨ててきた要素もたくさんある。スー女のおかげで、相撲はまったく新しい価値を発見され、新しい楽しみ方を作り出され、生まれ変わり、存続を許されたのだ。

この流れが止まることはないだろう。「日本人ファースト」のブームで相撲に来る人たちは、そのうち去っていくだろう。なぜなら、日本人優位の気分を満たしてくれるものであれば、相撲でなくともいいのだから。スー女にとっては、相撲であることがまず大切だ。なぜなら、スー女には力士こそがかけがえのない存在なのだから。大事に思うファンこそが、その競技を、その文化を、その担い手たちを、本当に育ててくれる。相撲に人生を懸けているぶん、自分の行動に責任を感じているのだ。だからいい加減な決めつけみたいな応援や評価はしない。

まるで江戸時代に相撲が町民の大衆文化となった時を見るようではないか。スー女の楽しみ方は、それと同じだ。相撲はそうやって創造され、文化となってきたのである。排他的な伝統意識やら、排除するために純血を重んじる姿勢など、本当はそぐわない。

と、書いているこの私は、旧来のおじさんファンの性質を引きずっている。相撲の内容にこだわり、取り口の分析が好きで、「横綱相撲」に「相撲道の理想」を感じてしまう。スー女にとっては、こういう関心しかないオヤジファンが最もうざったい存在だろう。

でも、だから私は貴乃花《たかのはな》の引退とともに、相撲ファンを辞めざるを得なくなったのだとも言える。そういう相撲ファンでいることは、あそこが限界だったのだ。今、相撲ファンに復帰して、スー女の作り出す文化に触れて、私は喜びを感じている。イケメンとか勢《いきおい》関の色気とか、私にはどうしても判断がつかない価値基準もあるが、それでも相撲の楽しみがずっと広がっている。とにかく人にハードルを課してこないから、心地いい。

スー女とともに相撲界を変えていくのは、ここ数年で増えてきた、外国人の親方だろう。元大関・琴欧洲《ことおうしゅう》の鳴戸《なると》親方（ブルガリア）、元旭天鵬《きょくてんほう》の友綱《ともづな》親方（モンゴル）、元朝赤龍《あさせきりゅう》の錦島《にしきしま》親方（モンゴル）らである。特に鳴戸親方は、相撲が無意味で不合理な慣習に縛られていることに苦しんだ経験から、下の世代にそれを押しつけるのではなく、まずはそれを自分の経営する鳴戸部屋から変えていこうと試みている。これからも外国人の親方が増えていくだろうから、その試みは次第に支持されていくと思う。特に、報道されているとおりに白鵬が日本国籍を取得して引退後に親方となれば、大きな革新が起こるだろう。

そう考えると、相撲の未来は明るいことだらけだ。「日本人ファースト」の環境と相撲協会のいまだに古い利権体質が今は相撲の足を大きく引っ張っているが、実際には大相撲はそれらを振り払って現代にふさわしい姿に生まれ変わる力を、スー女と外国人親方という形で、すでに十分蓄えているのである。私ももう相撲ファンを引退することはないと思う。このように心躍る、未知の変化を目撃できるチャンスを、みすみす失うなんて、もったいない。

書き下ろし

スー女対談　星野智幸×和田靜香（スー女のみかた・著者）

朝青龍の全盛期を知らないんです――星野

星野　今日は、二〇一七年四月に『スー女のみかた　相撲ってなんて面白い！』（シンコーミュージック）を出された和田靜香さんと、相撲についてタブーなく話していきたいと思います。『スー女のみかた』は、出る前からすごく楽しみにしていました。ぼくも筋金入りの相撲ファンなんですけれども、相撲がらみの本って、読んだときにむかつくことが多いですよね（笑）。よかったと思えるのは、和田さんの本でも触れておられる宮本徳蔵さんの『力士漂泊』（講談社文芸文庫）とか、ぼくがすごく好きなのは髙橋秀実さんの『おすもうさん』（草思社）。ほかにいいと思うのはなかなかなくて、『スー女のみかた』を読んでほんとに泣きました。素晴らしかったです。とくに二〇一六年が本当に相撲が好きな人にとってはとても苦しい一年だったので、これを読んで、「やっぱり相撲が好きでよかったな」と思うことができました。なによりも、この本は一言に尽きます、「相撲愛」「相撲が好きだ」、そのことだけで、ここまで書ける。

和田　なんら知識もないのに(笑)、書いちゃった無謀な本なんですけど。

星野　いえいえ。和田さんは朝青龍で相撲にハマったって書いてますが、いつ頃なんですか？

和田　二〇〇四年です。二〇〇三年に横綱になって、全盛期で安心して観ていられるというか、その後ちょっと落ちてきたころはヒヤヒヤしましたけれど、そのころは絶対勝つから安心して観てました。

星野　ぼくは二〇〇三年に貴乃花が引退して、相撲ファンをやめちゃったので、朝青龍の全盛期を知らないんです。

和田　貴乃花がやめちゃったから、もういいやって思ったんですか？

星野　ぼくは横綱、力士としての貴乃花に心酔していたので、こんな気持ちで応援することは二度とできないと思って、ほかの力士の相撲がおもしろくなくなったんですね。でも、当時の自分のブログを読み返したりすると、チラチラとは見ていて、「朝青龍だけは相撲をとってる」とか書いてる(第1章参照)。

和田　その通りですわ。ほんと素晴らしかったです。その反面、すごい批判もされてた。あんなに叩かれてる人って、これから先もいないだろうというぐらいでした。

星野　あんなに体を張って相撲の場にいた人っていないですよね。

和田　あんなにおおっぴらに、あからさまに叩かれて、国技館でも『負けろ、負けろ』というコールが普通にあって、そんなで勝つってほんとすごかったです。

星野　いまの相撲も、なんとなく外国人力士叩きをしたがる。ただ、その時代となにが違うかというと、スー女がいる。

和田　わたしが朝青龍好きで国技館に行っていたころは、お客さんの七割がたおじさんで、ウイスキーとかビールの匂いがすごかった(笑)。酒臭い中で相撲を見てたんです。いまは、女子が多いからソフトクリームを食べながら見てて、館内はバニラ臭が漂ってます。

「稀勢の里に向かって『魔性の男』。それがスー女なんです」——和田

星野　そのころ来ていた三割ぐらいの女性ってのは、どんな感じで観戦していらしたんですか?

和田　わたしは女友達といつも行っていて、友達は根っからの相撲ファンで三〇年以上も見ているので、けっこう真剣で、でもわたしは見始めたころから、すぐ邪道な方へ行っちゃって。

星野　邪道な方って?

和田　肌がきれい、とか(笑)。この人かわいいとか、だんだんそっちへ行って、キャラを勝手に作って……。

星野　パイオニアですよねスー女の。力士をキャラ化して見るという……。

和田　それは最初からやってて。最初かわいかったのは嘉風《よしかぜ》。日体大の学生横綱で、わたしが見始めたころはちょうど十両から幕内に上がってくるころで、国技館で生嘉風を見たら唇がぷるんとしていて、「やだー、この人かわいくない!?」って。

星野　やっぱり唇ね。ぼくが相撲ファンに復帰したのが二〇一四年、白鵬が大鵬の記録に迫りはじめたときで、逸ノ城が旋風を巻き起こしていて、気になって中継を見たらハマりまして、その後心酔している一人が嘉風さまですね。

和田　そうなんですね！　嘉風はどうして好きなんですか？

星野　なんですかね、インタビューとかすごいじゃないですか。そのまま日めくりカレンダーの言葉になるみたいに、どのひと言も含蓄がある。それにやられまして、もちろん相撲が素晴らしいんですけれど。小兵《こひょう》でね。

和田　そんなに体が大きくなくて。いまは三〇代半ばで。

星野　でも全身全霊で若々しい相撲をとって、インタビューは淡々と仙人のように答える。

和田　でも今のお顔は、度重なる熱戦で常に腫れておられる感じですかね。

星野　それで、スー女によく知られている大相撲総選挙っていうものがあるとか？

和田　そうなんですよ、日刊スポーツがやっていて、AKB48と一緒でファンが投票して順位を決めるんです。わたしもサイトに行って毎日投票していたんですけれど、白鵬を好きな理由は「白鵬が絶対だから」「白鵬こそが横綱」とか。

星野　説明になってないじゃないですか。

和田　なってない（笑）。ただ思い入れだけを書く。で、結局一位は稀勢《きせ》の里《さと》なんですよ。稀勢の里はずーっと一位なんです、やっぱ人気ある。稀勢の里好きですか。

星野　ぼくは稀勢の里、仮想敵なんです。

和田　仮想敵！（笑）わたしね、意外と稀勢の里嫌いじゃないんです。

星野　いや、好きとか嫌いとか……。白鵬に心酔している身としては……、そのへんはおいおい。

和田　それで、「総選挙」に寄せられたコメントを日刊スポーツがサイトにアップしてくれてて、わたしと同じで技がどうこうとかだれも書かないんですね。そんなことはどうだっていい！　稀勢の里を一位にあげた二〇代の女性なんですが「念願だった優勝、昇進を果たしたのになかなか安心させてくれず、いつまでも放っておけない。魔性の男」（笑）。魔性の男って！　稀勢の里に向かって！　これがスー女なんです（笑）。

それで遠藤は意外に下で五位なんですよ。

星野　いまさら遠藤？　ってことかな。

和田　それもあると思います。人気になったら「ちょっといいわ、わたし」って。それで五位なんですが、二〇代の女性いわく、「ふだんは淡々としているけれど、勝ち越しインタビューなどで見せる笑顔がたまらないです。クールビューティー」（笑）。クールビューティーってなんだよって（笑）。

星野　ねえ、男の子相手に最高ですね。

和田　白鵬には、「白鵬関は圧倒的にきれいで強い。この先も出てこない史上最強の横綱」、五〇代女性とか。わたしじゃないです！

星野　でも、ほんとその通りだなと思って。ちなみに、わたしのも取り上げられています。

和田　これですね、「白鵬は絶対的な横綱。たたずまい含め、本当に横綱の風格」。

星野　なに言ってるんだか、興奮しててごめんなさい。

和田　「どうして横綱なのか、それは横綱だから」的な(笑)。

星野　そんな感じです。白鵬って横綱になるために生まれてきた人ですよね。

和田　そうですね。地球がこの世に遣《つか》わした……。

星野　神ですよね。「神」といえば、このコメント。いちばん好きなんですけど、四位の日馬富《はるまふ》士《じ》へのもので、四〇代女性、「愛してるからだよ！！！！！　日馬富士はもう神なんだよ」。びっくりマークが五個です。この人とか、もう理由とかじゃないですよね。

和田　ただ「好きなんだから」と。ちなみに、二位が宇良《うら》で、三位が高安《たかやす》、やっぱり今のうちに青田買いという感じがよく出てますよね。

星野　宇良については五〇代女性、「乱れた髷《まげ》をひょいと直すしぐさが好き」。ぜんぜん相撲じゃないし。髷を直すしぐさが好きって(笑)。

和田　なんで好きかって話だと「好きだから」ですんじゃうけど、「どこが好きか」になると異様に細部にこだわりますよね。

和田 そういうところがスー女。星野さんは、そういうところは見てるんですか？

貴乃花が勝てば自分もがんばれる、みたいな――星野

星野 いやぁ。それが和田さんの本を読んで、すごい面白いと共感すると同時に、いわゆる取り口にうるさい分析おじさんが批判されていて、それってじつはぼくなんですよね（笑）。これを読んで、ぼくもそういうおやじって嫌いなんですけど、でも自分もそうかもって気づかされた。

相撲ファンに復帰して悟ったことなんですけど、ずっとサッカーが好きで、相撲からサッカーに鞍替えしてサッカー一筋だと思っていたのに、相撲見たら解説を聞く前に、いま何が行われて、どうして勝ったか、全部分かっちゃうんですよ。

和田 へー。

星野 それで、どの取り組みを見てもそういう感じで、サッカーなんて何度見てもどうして点が入ったのか分かんないですよ（笑）。フェイントがすげーとか、それぐらいしか分からなくて。一三歳から相撲を見てたんですけど、ゴールデンエイジで相撲を見てしまった、そこだったんだなって。その頃から生まれ変わったら力士になりたいって。体が小さい

和田　からダメで……。
星野　シリコンを頭に入れるとか（笑）。
和田　和田さんは相撲を取った経験がありますからね。この本でも紹介されていますけれど、ここまでするスー女はやっぱりパイオニアですね。
　こないだある雑誌の企画で、西岩《にしいわ》親方（元若の里《わかのさと》）と鳴戸親方（元琴欧洲）とお話する機会があったんですけれど、西岩親方に「相撲はやってみたら分かるんだ」って言われたんで、「やりました」と答えたら「えーっ」て。そこから私は「負けると悔しいんですよね。負けるとまたやりたくなるんです」って、つい語ってしまったら、鳴戸親方に「和田さん、違うよ」って。「負け続けてたら嫌になる」って。「やっぱ勝たないとやれないもんだよ」って言われて、その時はっと気づいて「わたし、なに語ってんだろう」って（笑）。相手、琴欧洲だよ。
星野　優勝経験もある元大関に（笑）。
和田　そうそう、それに大関候補で三九歳までやった若の里に、相撲をなんでやるかみたいなことを語っていて。自分だめだろうって。
星野　それが相撲をするってことですね。
和田　そうですね、たかだか一回か二回やっただけで語りたくなってしまうのが相撲ですね。
星野　貴乃花が言ってましたね。「負けて学ぶ」っていうけど、それは違うと。勝たなかったら

和田　学ぶことはないです、と。
星野　深いっすね。貴乃花って、ちょっと変わったへんな人っぽいけれど、テレビとか解説で出てくると、すごいいいこと言うなって思うこともあります。
和田　あ、そうですか？
星野　え、あ、違うんですか？　貴乃花好きなんですよね!?
和田　ええ、それは、現役時代の横綱としての貴乃花には、すごく自分の命運を懸けていたんです。ぼくは新卒で入った新聞社をやめてメキシコに留学して、帰国したらバブルがはじけて、仕事なくて、人生どうなるんだろうみたいな時期に、貴乃花ファンだったので、今日、貴乃花が勝てば明日、自分もがんばれる、みたいな。
星野　あー。
和田　今場所優勝したら自分にもなにか運が回ってくる……。
星野　あー。
和田　だから毎日、貴乃花と命運をともにしていたんですよね。負けちゃうと非常に落ち込むんですけれど。
和田　わたしにとっての朝青龍もそうでしたね。人生を託していた。
星野　和田さんの本を読んで、「なんだ、結局同じじゃん」って思いました。
和田　そうですよね。

男って戦術好きですよね――星野

星野　それだけじゃなくって、この本に、スー女を生んだ重要な人として『TSUNA』というフリーペーパーをつくった竹内一馬さんのお話も出てきますけど、竹内さんも音楽をやってて挫折して、たまたま知り合った豊ノ島がかんばっているのを見て、自分ももう一度ちがう人生でやろうと思って、『TSUNA』を創刊した、と。

和田　相撲ってなんかそういう人生を託してしまう力がある。竹内さんの話、最初聞いたとき、その場で泣きました。感動しすぎて。あまりにもいい話で。竹内さんに「本にしなよ、自分で書いて出しなよ」って言ったら、「いやぁ、いろいろ事情があって……」って。

星野　それで、和田さんが代わりにこの本で書いたと。

和田　そうそう。

星野　その竹内さんも、たまたま豊ノ島と知り合っただけで、それまでは相撲ファンでもなんでもない。

和田　なんにも知らないで雑誌を作っちゃうってのがすごいですよね。

星野　大相撲は二〇一一年にどん底になって、それが復活するいちばんの要因はスー女で、そのきっかけとなったのが『TSUNA』ですよね。

和田　『TSUNA』は相撲をただ勝負として見るんじゃなくて、行司さんの装束や、土俵ってどうやって作られるとか、相撲を文化的にとらえたのがすごかったんです。

星野　それまで、そういうメディアはなかった？

和田　そう。相撲は国技だとか日本の文化だとか、おじさんたちは偉そうに言っているけれど、ではそれはどういう文化で、どういうものがあるんだってことは語られてこなかった。

星野　相撲雑誌を見ても「前褌《まえみつ》とって、おっつけて」って。そんなこと言われても分からない(笑)。サッカーでもそうなんですけど、男って戦術好きですよね。それを分析したり語ることでひじょうに盛り上がる。

和田　いいですよ、それも。

星野　でも、それが分からないヤツは本物のファンじゃないって、敷居をもうけることに問題がある。

和田　そう。だから、一時期はスー女が出てくると、スー女をおじさんが上から見てた。スー女アイドルの山根千佳ちゃんがテレビや雑誌に出てきて、戦術とかも語るんですよ。そうすると、「君なかなか詳しいじゃないか」とか新聞に書く。そういうのすっごいむかついて……。

星野　あなたは「名誉男性」として認めてあげますと。

和田　そうそう！　そんな感じで、すごい嫌ですね。

星野　そういうので感じるのは、自分が戦術とか取り口が好きで盛り上がるのはいいですけれど、楽しみ方はいろいろあっていいと思うんです。なのに、取り口解説オヤジはたいてい、スー女に厳しい。

和田　だいたい「スー女」というのも見下した使い方をされています。スー女って言葉を作ったのは雑誌の「相撲ファン」ですけれど、それはいい言葉だと思うし、だから自分の本のタイトルにも付けたんですけれど。

星野　「相撲ファン」そのものが二〇一五年に、女性の相撲ファンにむけてつくられた雑誌ですよね。

和田　相撲のいろんな見方を提案してくれるし、おもしろい雑誌だと思うんです。

稀勢の里が日本人だから好きってのは絶対ない――和田

星野　スー女というのは、いいものに対して貪欲で、和田さんがまさにそうだと思うんですけれど、好きな力士に自分なりの勝手な物語を妄想することでさらに盛り上がる。

和田　勝手に妄想したり、ニックネームつけたりね。

星野　そういうことによって、ここで起こっている相撲を、自分の世界に取り込んでいく。これって、よくよく考えてみると、とてもクリエイティブな態度ですよね。

和田　です。でも、女の人って結構そういう見方をしますよね、ほかのジャンルでも。相手がロックスターでも映画スターでも。

星野　ぼくがスー女だけじゃなく、ミーハーってすごいって思うきっかけになったのは、韓流ファンなんです。韓国に二〇一二年に三カ月ほど住んで語学学校に行ったんですが、生徒の六〜七割が日本の韓流ファンの女性で、この人たちはドラマで覚えたあやふやなカタコトの韓国語で、ガンガン街に出ていくんです。普通は、語学のレベルでおじけづくところを、「サランヘヨ（愛してる）」とか言いながら（笑）、どんどん突破していく。芸能人のイベントはもちろん、それ以外のことにも。分からなければ、そのへんの韓国人に平然と聞くし、境界があるかのように思われていたところを軽々と突破してしまう。このバイタリティーに圧倒されました。当時、日本ではヘイトデモとかが急に増えた時期でしたが、ぼくは「嫌韓なんかやってるなら、韓流ファンになった方がぜったい自分が幸せなのに」って思いましたね。そういった感じで、スー女も自分の好きなもののためには境界なんかない、と。

和田　ないですね。おじさんたちが、モンゴル人がどうこう言っていても、「モンゴル人だから」とか「ブラジル人だから」なんてまったく言わない。白鵬がモンゴル人だから好きとか、稀勢の里が日本人だから好きってのは絶対ない。稀勢の里は「魔性の男」だから好き。稀勢の里がモンゴル人でもブラジル人でも「魔性の男」なら、ぜったい好きなんです（笑）。

星野 これは、よく考えるとすごいことですよ。

和田 でも、「すごいことだ」なんて、スー女はだれ一人思ってないです。

星野 相撲っていうのは、もちろん力士は生身の人間で自分の生活があるわけですが、相撲っていう土俵に上がったときは、ある種のフィクションの登場人物になるんですよね。本名ではなく四股名をもって。

和田 ええ、ええ。

星野 それらを見ている我々ファンは、そういう物語の一員となって一体化するというか、フィクションとして楽しむんですよね。目の前の相撲や力士に、自分の妄想をブレンドさせて自分なりのストーリーにするというのは、フィクションをさらにフィクション化して、自分の物語に変えるってことですね。

和田 そうですね、素敵な王子様にして。フェイスブックに力士を「かわいい」とか投稿すると、「ただのデブじゃん」とか書かれるけれど、わたしたちにはおなかぽっこりのかわいい王子なんです。

星野 すごいですよね。力士が王子様に見える世界なら、よりどりみどりじゃないですか。

和田 たとえば大露羅《おおろら》さん！　知ってますか？　二〇〇何十キロもあるんですが、肉の塊で、おっぱいもべろーん、おなかもべろーんと垂れてて、すごいんですけど、でもスー女は

星野 大露羅さんが大好きですね。

和田 まさに「肉王子」ですよね。

星野 そう、肉王子(笑)。大露羅さんはロシア人なんですよ。ツイッターをやってて、ロシア語だからよくは分からないんですけれど、アップされる写真がめっちゃおしゃれ、スタイリッシュなんですよ。大露羅さんは亡くなった北の湖《きたのうみ》親方の付け人をやっていたのがよく知られていて、いまも現役です。

和田 いまは何部屋になったんでしたっけ?

星野 え、山響《やまひびき》でしたっけ……。えーと、そういうのがうろ覚えなのもスー女なんです! そういうのを覚えているのがふつうの相撲ファン。

和田 そうなんですよね。ぼくのなかで、そういうのをきちんと覚えておかなきゃいけないってヘンなプレッシャーがあるんです。

星野 そうそう、で、そういうの「どこだっけ〜?」って言えるのがたぶんスー女ですね。

和田 なんとか部屋はどの一門か、とか。

ぼくが翔くんを守ってあげるんだ、って(笑)——星野

和田 今年(二〇一七年)の三月場所でしたか、照ノ富士が「モンゴルへ帰れ」って言われたとき、

星野　星野さんはすごく怒ってましたよね。

ええ、もうブチ切れましたね。二〇一六年の初場所には、NHKがはっきりと「今年は日本人力士の優勝と日本人横綱の誕生が期待される」というキャンペーンをやりはじめて、じわじわと日本人力士と外国人力士を線引きするような嫌な感じになった。

そしたら、その場所は琴奨菊《ことしょうぎく》が優勝したので、琴奨菊が優勝したこと自体はすごくよかったんですけれども、一方で嫌な雰囲気がさらに炸裂して……。「日本人力士優勝、日本人横綱誕生」というキャンペーンは、はっきりと稀勢の里を対象としたものであり、稀勢の里は毎場所、「優勝すれば横綱もありえる」と言われました。でも失敗し続けて、綱取りはいったんご破算になったはずなのに、ついに稀勢の里が優勝したとたん、予告もなしに横綱昇進が決まって、大フィーバーが起こってくる……。

もう、外国人の力士がどういう気持ちで相撲を取ってるんだろうって、考えたら、ほんといたたまれなくなって。これだけ盛り上がって優勝経験のない大関が優勝したりすることはうれしいんだけど、その背後に民族国籍差別的な応援や後押しがあからさまにあるのを見聞きしていると、相撲を見ることが自体が苦しくて、苦行に耐えてる気分でした。国技館に行けば、日本人力士にコールが一斉に起こるし。モンゴル人力士には原則としてコールは起こらない。

和田　起こらないですよね。それどころか、星野さんが相撲ファンを「引退」されていた二〇一三年一一月場所では稀勢の里が白鵬に勝って場内に万歳コールが沸き起こった。二〇一六年三月場所では白鵬が四場所ぶりに優勝したのに、立ち合いで変化したからと野次がやまなかった。それで優勝インタビュー中に泣いちゃって……。優勝インタビューで横綱が泣くって異常なことが起こって、あの時の白鵬ファンの気持ちたるや……、もう胸が苦しくて。わたしたちの怒りをどうしてくれようかって、爆発しました。

星野 そうですよね。ぼくも相撲ファンに復帰して最初に国技館に行ったのが二〇一五年初場所の一三日目、白鵬が大鵬の記録を破る三三回目の優勝を決めるって日だった。白鵬と稀勢の里が仕切っているときに、ぼくの席の間近から、「日本人力士がんばれ!」って言ったおっさんがいた。気づいたら、ぼくはぶち切れて「白鵬! 白鵬!」って叫んでて。一緒に行った人はびっくりしてましたけど。

和田 熱いっすね!

星野 いや、自分でもびっくりっていうか、完全に素になっていて、これが本当の自分だったのか、と(笑)。人生で初めて殻が破れたというか(笑)。それで白鵬が神経質になって、取り直しになったことで審判批判をしてまた叩かれているのを見て、本格的に相撲ファンに復帰して白鵬を応援しないと、と覚悟を決めたのです。

和田 「俺が!」「俺が守んなきゃ」って?

星野 そうそう、ぼくが翔くんを守ってあげるんだ、って(笑)。

和田　分かる。ある種のスー女的な。

星野　それで、ヘイトスピーチに対するカウンターじゃないですけど、自分が国技館に行くことで、少しでも違うようにしなきゃ、差別一色になったら大変だって、そういう気持ちだったんです。

和田　それだから、稀勢の里は仮想敵？

星野　そうそう。でも、本当はライバル対決って、いちばん盛り上がるじゃないですか。貴乃花のときも曙《あけぼの》は仮想敵でしたけれど、ぼくは内心、曙のことを本当に尊敬していました。それは朝青龍と白鵬だってそうでしょ？

和田　だからわたし、白鵬が大嫌いだったんです(笑)。憎くてたまらない。超嫌い。だって、朝青龍に勝つんだもん。

星野　勝って、優勝を阻まれようもんなら……。

和田　そう！　しかも、わたしが見に行くと白鵬がいつも勝ってた……。「なに、こいつ！」「許せない」と思ってた。

鶴竜は横綱なのにこんなにかわいくていいのか――和田

星野　ほんと、ライバルこそが高いレベルで本当は通じ合っている、お互いに。和田さんも書いてますが、朝青龍が引退するときに白鵬が泣いてコメントして、「自分のいちばんの思い出は朝青龍に初めて勝ったことです」って。

和田 そこで私は白鵬の大切さに目覚めた。そして、白鵬はずっと前から、稀勢の里には横綱になってほしいって、自分の本にも書いてるぐらい、言い続けていました。

星野 稀勢の里のことをいちばんよく分かってて、一番期待しているのは、白鵬なんですよね。本当だったら稀勢の里は今ごろ二〇回は優勝してたはずだって、テレビのドキュメンタリーでも言ってました。

和田 でも、世の中のおじさんや「日本人ファースト」の人たちって、そういうところをどうして読み取らないかなって不思議なんです。

星野 ほんとにねえ。それをいまの土俵にあてはめると、白鵬のライバルとして横綱たち、なかでも鶴竜は物足りない、と言われる。でもスー女は大好きですよね？　四股名じゃなくてあだ名で呼ぶ。

和田 わんわんとか（笑）。子犬に似ているからわんわん。

星野 かわいいのでいえば、圧倒的に鶴竜？

和田 横綱では圧倒的ですよね。こんなかわいい横綱はいまでいない。鶴竜は横綱なのにこんなにかわいくていいのか？　って。

星野 鶴竜って、そこがはっきりしますよね。男の人にも「スー女」はいると思うし、逆に女

和田　の人にもおやじファンみたいな人もいると思いますし、スー女度を計るのに鶴竜はうってつけですよね。鶴竜の相撲は横綱として云々……なんていう人はスー女度が低い。そんなことより「鶴竜、かわいい！」「鶴竜たん！」って応援できるのが、スー女。国技館での声援もいちばん女性と子どもの声が多いのは鶴竜ですよね。

星野　女性はそうですが、子供は日馬富士です。「ひゃるまひゅじ〜」って感じです。日馬富士が子供好きだから、いつも幼稚園まるごととか招待するんです。その子たちが声援を送る声がいい！

和田　その子たちが大人になったらおもしろいですよね。国技館に行くと、声援によって、力士のファンの層が分かります。

星野　土俵入りのときって、残酷ですよね。遠藤とか「オー、遠藤！」ってなるのに、わたしの好きな荒鷲《あらわし》さんなんて、声援するのはわたしと友達と三人ぐらいで、「なんでこんなかっこいいのに」って寂しい感じです。

和田　でも、そういう声援の少ない力士に、また律儀に声をかける人がいて、それが必ず女性なんです。ぼくの好きな貴ノ岩《たかのいわ》なんか……。

星野　え、貴ノ岩好きなんですか⁉　貴乃花部屋だからですか？

和田　いや、地味な力士だなって思ってたら、ぼく取り口が気になっちゃうから、前さばきがうまいことに気づいて……。

和田　前さばき？

星野　なんていうか、まわしを取るのがうまいなーって。

和田　あ、それを前さばきがうまいって言うんですか。いま知りました（笑）。

星野　よく解説で聞くでしょ？

和田　いつも思うんですけど、NHKは「前さばきがうまい」って解説の人が言ったら、「前さばきがうまいって、どういうこと？」って解説を解説してほしいです。

星野　サブチャンネルでやってほしいですね。

和田　解説は親方がするからなにを言ってるか分かんなくて。

星野　で、貴ノ岩、そういう力士が好きだなって、地味だけど。

和田　地味な人がいいんですか？　嘉風も。

星野　あと北勝富士《ほくとふじ》。

和田　あー。また渋い、いいとこ突いてる。わたしは誰が好きだろう？

星野　いっぱいいるじゃないですか。荒鷲とか……。

和田　荒鷲さんいいんですよ、やる気があるのかないのか全然分からないところが。

星野　やる気なさそうでね。インタビューの声も小さいんですよね。

和田　笑い方も「ほほほ」って。荒鷲さん！　大好きなんですけど、その理由が言えないんですよね。

好きなものを守ろうとする。それが大切──星野

星野 そこがすごいところで、さっきも言ったように、「日本人ファースト」みたいな館内の空気になると、そうじゃない力士たちが本当につらいと思うんです。照ノ富士への「モンゴル帰れ」事件のときも、照ノ富士の相撲にすごい野次が飛んで、その後に日馬富士が出てきたんですよね。日馬富士は前日までとてもいい相撲を取っていたのに、その日はものすごいあっけない負け方をしてしまう。

それについて、日馬富士が「人生でもっともいやな野次を聞いてしまった。そんなの聞いたら集中できない」と。それが「モンゴル帰れ」ってことだった。日馬富士はきちっと言ったんだけど最初は報道されなかった。もう、こんなのたまらないと思って、日馬富士は言ったと思うんですけど。こんなことが何回も続いて、外国人力士に力を出せないようにする行為が標準になっちゃったら耐え難いですよ。

和田 けっきょく白鵬叩きってそれまでは角界の優等生だったのが、土俵にも人種差別があることを発言をして、そこからすごい叩かれるようになったなあって、わたしは感じている。それは昔、小錦《こにしき》さんが角界に人種差別があるって言ってから叩かれたことにすごい似てるなって。すごい腑に落ちないというか、やだなって思います。

星野 それに対する希望が、まずスー女ですよね。ルーツとか出自に関係なく、好きなものを応援していく。そして好きになったものをちゃんと守ろうとするというか、壊されないようにする、それがすごく大切な力にこれからなっていくと思います。

和田 六〇年代のビートルズ来日騒動とかに似てると思うんです。日本に来るとき「武道館を使わせないぞ」とかおじさんたちにめっちゃ叩かれてました。でも、女の子たちは「きゃー」って応援して、それがビートルズを育てたというか守ったというか文化にした。

星野 サッカーでも、浦和レッズで観客が「ジャパニーズ・オンリー」という垂れ幕を掲げる差別事件があって、浦和は無観客試合という厳しい処分を受けた。それは正しかったのだけれど、浦和ファンとしてはサッカーを奪われたことにすごく傷ついたんですよね。こんな思いするなら、ちゃんと差別の芽を摘もうと意識的な取り組みをするようになった。相撲協会もちゃんと対応してほしいと思います。それがなされてないのが現状で、ファンの人たちも、このままじゃ自分たちの楽しみが奪われてしまうということに対して、差別は許さないという態度を見せてほしい。

もうひとつの希望は、元琴欧洲の鳴戸親方を始めとする、外国人親方。元旭天鵬もこんど友綱《ともづな》部屋を継承して友綱親方になって、元武蔵丸《むさしまる》の武蔵川《むさしがわ》親方と合わせて、外国ルーツの部屋持ち親方が三人います。特に鳴戸親方と友綱親方は、いまの相撲界についていろいろ思ってると思うんです。そのことに対して意識的に外国人力士を守りつつ、いろ

和田　んな人が平等に相撲を取れる環境作りにがんばってくれると期待してます。本（『スー女のみかた』）にも書きましたが、ＮＨＫの中継で「日本人に優勝してほしい」ってアナウンサーが言ったときに、玉ノ井《たまのい》親方（元栃東）は「だれだって、がんばっている人が優勝すればいい」って、すごいむっとした感じで言ったんです、玉ノ井親方いいわあ〜って思った。

星野　そうじゃなきゃ、優勝した人にも失礼ですよね。

和田　そうです、稀勢の里にも失礼ですよね。「魔性の男」だから人気があるんで、日本人だから人気があるなんて思うなよ、って（笑）。

スー女の作り方　２０１７年６月28日　神楽坂・かもめブックス

和田靜香（わだ・しずか）
１９６５年千葉県生まれ。音楽ライター。主な著書に『音楽に恋して　評伝・湯川れい子』（朝日新聞出版）、『スー女のみかた　相撲ってなんて面白い！』（シンコーミュージック）など。「和田翔龍」の四股名をもつ。

第5章

小説『智の国』

この章では、私が初めて文学賞に応募するつもりで書いた、約二五年前の相撲小説を公開する。第1章に収録した二〇〇三年一月二〇日付のブログ（六三頁）で、「私が一〇年近く前、初めて文学賞に応募した作品（落選）は、相撲小説だった」と書いているが、その作品である。

いやもうほんと恥ずかしい。テーマも書き方も使っている素材やエピソードもいちいち稚拙きわまりない。この作品は落選であり、私もその判断に納得している以上、本来は落選したレベルの作品を公表するのは、プロとしてすべきではないと思っている。

それでもこの相撲本に収録するのは、私の相撲への執着がいかに根深いか、歴史的なものであるかを、雑誌やお菓子の付録・オマケのような特典ページ扱いで、示さんがためだ。やはり第1章の冒頭の文章で、私は次のように振り返っている（四一頁）。

私が本気で文学賞に応募し始めた一九九四年から、受賞した一九九七年の間は、まさに貴乃花の全盛期だった。曙と優勝をかけての横綱決戦は、なんと一四回にも及ぶ。毎回凄まじい対決だった。その度に私は「貴乃花占い」にのめり込んだ。貴乃花が曙に勝って優勝すれば、自分も間違いなく受賞に近づく。曙が勝って優勝すれば、私は苦境を耐えなければならない。そこで腐らず諦めず、続けられるかどうか、それは自分にかかっている。

私が本気で小説を書き、それで生きていこうと決めたときに書いた最初の作品が相撲小説であったことには、右のような私の人生の背景が影響していたと思う。

当時は「反復」をテーマにしていたことから、この作品には第2部があるのだが、そちらはまだ若い私が看過できない過ちを犯しており、現在の私から掲載不可の判断が下った。みっともないことに、私はその第2部をまったく新しく書き直して、数年後に再び新人賞に応募している。よっぽど、こだわりがあったのだろう。しかし、その差し替えた別バージョンの第2部でも、私は許しがたい過ちを無知なまま犯しているので、公開できない。このため、第1部のみの収録となった。結末のあるような作品ではなく、どこで終わってもよいように書いていたので、第1部だけでも成立する。

作中に登場する「花《はな》の海《うみ》」とは、私が偏愛していた元小結・花乃湖《はなのうみ》関から名前をいただいた。横綱・江戸《えど》の川《かわ》には、二人ほど参考にしたモデルの力士がいるが、一人は弓取り力士だった江戸《えど》の華《はな》さん。当時の私はその太り方に圧倒された。今の大露羅《おおろら》さんのような印象だろうか。もう一人は、軽くて大きい横綱だが、想像にお任せする。「北乃海の芸術的巻き替え」は、もちろんあの大横綱・北の湖の巻き替え。暗い力士である智の国は、イメージは元小結・大徹《だいてつ》関（現湊川《みなとがわ》親方）、柔いナマコ腰は元横綱・旭富士《あさひふじ》関である。「智《とも》の国《くに》」という名前は、「智ノ花《とものはな》」に触発されて、私自身の名前の「智」を使った。あわよくば「智《ち》の国《くに》」と読まれて何か知的な小説を期待されれじつは四股名でしかなかったという落差を味わってほしい、などと少し奇をてらってもいたのだが、若い時分はそういう小さな意気がりをしがちなものである。

尻尾をつかまれまいと次々に奇手を繰り出しては外して尻尾をつかまれている若気の至り作品であるが、相撲の核心だけはきちんと書かれているので、よろしかったらおつきあいください。もちろん、この付録のような章は飛ばしても、本の展開には何の差支えもございません。

智の国

星野智幸

私は花ノ海の寄りをこらえている。土俵ぎわいっぱい、両足のかかとは徳俵にかかっている。花ノ海は低い体勢から、頭を私の顎の下に入れたまま、突き上げるように押してくる。でも、私にはナマコといわれる柔らかく重心の低い腰があるので、かろうじて残していられるのだ。

とにかく、左を差したい。花ノ海に右四つを許し、私の左腕は相手の右肘を抱えるのみである。このままでは、寄り切られるに違いない。左をねじ込めばどうにかする自信がある。すくい投げでも、左下手を取っての投げでも、単に体を入れ替えるだけでもどうにでもなる。それが私の持ち味ともいえるし、私にはそれ以外の特徴がないともいえる。

テレビの解説者もアナウンサーも、智の国は左を差すと力を発揮しますからねえ、としか言わないのだ。おまけにスポーツ紙では、地味で暗いとされている。暗いということで、少し人気が出たほどなのだ。自分では、顔は一般人のようで、一般人のようであるということは力士としては顔がいい方だと思っているのに、頬がこけているとしか言われない。まっとうな人気の出方を望んだこともあったが、そのように努めるほど、暗いと言われるので、いまは左を差すと強いという特徴だけで満足している。いきおい左腕には、自分の持てる自信すべてが集中していて、左の下手捻りで金星を上げたこともあるのだ。

そのとき、北乃海関の芸術的巻き替えが私の頭に閃いた。それはいまここで北乃海関が白いもち肌をしっとりと私の背中にくっつけ、手取り足取り教えてくれているかのように、鮮やかだった。私の肉体は自信で砂袋のようになり、巻き替えはこともなげに行われた。花ノ海が巻き替えをし返そうと、切れた蜥蜴のしっぽのように身もだえしている中、私は奥の深いもろ差しで、さらに奥へ潜り込もうとするように、寄り返した。

私は寄った。寄りまくって、寄りまくって、足腰に震えを感じるほどだった。それでもなお寄った。

幾時間が過ぎたろうか。いまだに土俵ぎわには届かず、それどころか、仕切り線を一本しか越えていない。もう一方の仕切り線もまだ見えない。寄るというよりは、決壊した堤防をなおすための土嚢を、水に逆らって支えているようなものだ。花ノ海もすでにこらえ疲れ、私にもたれかかって、あとは生存に最低限必要な体力だけでどうにかもたせている。だから私に寄られるがままなのだが、私たちはまだ土俵中央付近にいるらしい。

観客はどうしているのだろうか。私のシコ名を覚えていてくれるだろうか。もしもこの勝負に勝ったところで、花ノ海と私の関係は正常でいられるだろうか。水入りのことはどうなっているのだろうか。お腹がすいている気がする。お腹がすいている、と気づくとは、私はもう飽きてきたのだろうか。それとも、誰でもが飽きるほどの長い時間、取り組んでいるということなのだろうか。それなら、行司はもう卒倒しているはずだ。彼らは、相当な老人だ。しかし、どこかで聞いたことがあるが、プロスポーツの世界では、審判員こそ一番強いという。サッカーでもラグビーでもボクシングでも柔道でも、審判こそ選手より体力が要求され、選手から身を守る必要があるため、屈強ぞろいなのだ。行司だって、私たちよりよほど敏捷で持久力に優れているかもしれない。行司が力をみなぎらせて見守る中で、私は餓え死にしていくのだろうか。

死ぬといえば、横綱江戸の川関の噂を思い出した。横綱は実はすでに死んでいるという。ところがそっくりの双子の兄がいて、彼が弟の横綱江戸の川関から剥いだ皮を着て土俵に上がるようになり、そのときがあの、目の覚めるような変身ぶりで全勝優勝を遂げたときなのだ。以後、横綱は無敵となり、大記録を打ち立てている。支度部屋に帰り風呂に入る前、記者団と雑談を交わしながらピーナッツの甘皮を剥くように極く薄い皮を脱ぐのは、誰もが知っていることで、いまや関心はその皮をどのように保管しているのかに移っているという。記者たちは、皮を脱ぎ終えるや、ニセ横綱をすずき、と本名で呼び捨てにし、すずきは皮を脱ぐ前と何一つ変わったところはないのだが、皮を着ているニセ江戸の川関のときに比べ、とても軽い感じがするのだ。

横綱江戸の川関も餓え死にしたのではないか。私は大変身を遂げる前の横綱の体が、妙にふわふわしていたことを見抜いていた。横綱は優勝がないことを思い悩み過ぎていつも目の下にクマをつくっており、それが横綱の品位に相応しくないのではないか、と批判されていた。ここ一番にめっぽう弱く、大器としての素質がいつまでたっても開花しないために、クマの皮を被ったウサギとも呼ばれた。ストレスから拒食症だったという人もいる。横綱だからちゃんこを最初に食べるのだが、全部戻してしまうくせに肉などおいしいものだけをいつもたいらげていくと、付け人がこぼしているのを聞いたのだそうだ。それでも痩せなかったところが天性の相撲取りだったのだろう、という評価もその人は付け加えていた。つまり、体の中の肉はスカスカだったはずなのだ。その軽くて大きな体では、広大な土俵の縁まで到達できず、ストックのエネルギーもはやばやと使い果たしてしまい、倒れたに違いあるまい。干からびたようなものである。皮を剥ぐのも楽だったというわけだ。

花ノ海が足を滑らせて、前に倒れそうになった。私は慌てて腋の下を支え、抱き起こす。彼の足の裏が擦り剥けているのが目に入った。皮が剥けている！　かかとやくるぶしは、靴下がずり落ちたみたいに皮が集まって皺になっている。その下の土俵には土踏まずの大きい足型の血が着いており、擦りむけた傷痕に撒いた塩が染み込んでいると考えたら、私の方が痛みを感じて爪先立ちになった。しかし、すぐかかとを下ろさなければならなかった。花ノ海が重かったのだ。彼は全体重をこちらにあずけ、マワシすらつかんでおらず、手は高齢者のペニスのように自由に垂れているのだ。顔を私の肩に埋め、正面から見ると私たちは「入」の字、向こう正面から見ると「人」の字になっているはずだ。

花ノ海は死んでしまったのだろうか。彼との取組のたびに、私は気になっていたのだ。彼はもともと心臓が弱くて、いつ死んでもおかしくなかった。弟弟子の宮田が稽古中に心臓麻痺で死んだときは、ショックのあまりあわや後を追うところだったらしい。全体的に後を追うタイプのようで、人が右上手を取ろうとすると花ノ海は左上手を取りたがり、人が巻き替えようとすると彼も巻き替えし返そうとする。部屋の者と遊びに行くときは、付け人を率いるより兄弟子の後を歩いているし、アッチムイテホイでは必ず負けるし、喋っているとあいづちをオウム返しに打つだけで、話がつまらない人として人望がない。でも主体性がないのかと思えばそうでもなくて、心臓の弱い分、取り組みが長引くと不利なので速攻に磨きをかけ、相手が何もする間もないほど一方的に勝負を決めることも多い。私だっていましがた、一方的に寄られていた。しかし、一気に決着をつけることに失敗すると、もうなす術もなく相手の真似を重ねるだけで、結局疲れ切って負けてしまう。それにしてもこんな長い勝負は初めてだろう。こう土俵が広くては負けることも容易ではなく、死ぬしかないのかもしれない。きっと花ノ海は宮田の死後、自分は間違って死ぬきっかけを失っているだけだと感じていたに違いない。だから死ぬしかないというのは、嬉しいことなのだ。ちょっと心臓がどきどきすることをすればいいのだ。私は足の裏の皮を剥かせるほど寄り立てて、花ノ海の死に至る動悸に手を貸してやっていたわけだ。

花ノ海が死んでしまうと、私は取り残された気分になった。いや、実際取り残されたのである。文字どおり、私は一人相撲を取っているわけだ。行司の視線が気になる。死んだ以上、抵抗がないからほどなく寄り切れるだろうと思ったが、大間違いで、死体は一層重さを増して私を動きにくくするのだった。

私は寄り切った後のことに、思いを馳せた。寄り切られた花ノ海は木が倒れるような不自然な倒れ方をし、起き上がらず、病院へ運ばれるまでもなく、死んでいることがわかる。告別式での私の立場は微妙になる。まさか私が殺人犯にはならないが、遺族は私を快く思わないだろう。一方、私は生前の花ノ海とはそれほど親しくなかったが、いまや死を看取った仲なのだ。そんな仲だけに、花ノ海の皮を剥いで、私が着なくてはならないのではないか。私は皮が剥ける刹那を目撃した者でもあるのだ。すると、葬儀は極秘裏に行われなくてはならない。横綱江戸の川関の例で手慣れた相撲協会は、死亡発表も行わないはずだ。花ノ海は大変身を遂げて蘇る。だが、智の国はどうなるのか。

私は先に死ぬべきだったのだ。それだけが、智の国の生き残る道だったようだ。恐らく、智の国は引退発表をするのだろう。あるいは、急死扱いになるのかもしれない。それなのに、私は相撲を取り続けるのだ。人の衣を借る人として。横綱江戸の川関についての考察は、全く活かされず、同じ轍を踏もうとしている。横綱の例では、輝かしいのは江戸の川関の方なのだ。兄のすずきはうまくやりおって、と思う人もいるかもしれないが、すずきは孤独なのだ。すずきへの道を歩み始めようとしている私は、いま一人ここに同じ境遇の者がいることを、声を限りに伝えたい気持ちになる。そういえば、どうも歓声が聞こえないようなのだが、観客も絶滅してしまったのだろうか。それでは、私はより一層取り残されたことになる。こんなところで声を限りに叫んだら、反響して何時間も消えず、孤独感が無限に細胞分裂するばかりだ。

またしても、北乃海関が登場した。鮮やかな巻き替えである。つまり、今度は私が巻き替えられればいいのだ。私が巻き替えられて、再び寄り返され、寄り切られて負けてしまえばいいのだ。実は私に我慢がならなかったのは、死体相手だから私が勝つに決まっているという予定調和だったと気がついた。一人相撲だから勝敗はないはずなのに、勝ち誇ったように行司は寄り切った私に軍配を上げるだろう。それで私は行司の視線が気になったのだ。ただでさえ、勝ってしまうと思うと後ろめたいのに、行司の仕打ちで後ろめたさはいや増すばかり。そんな気持ちが、皮を被らねば、というような考えに導いたといえる。

死体に寄り切られる！　私は解放された気持ちで一杯になった。するとテレビのボリュームを上げるように、「ハッキヨイ、ノコッタ、ノコッタ」の声と、「トモノクニ！」という野太い歓声が、聞こえ始めた。私が負けることで、野太い声をさらに興奮させることもできるだろうし、あの健康な揺るぎない行司を見返してもやれる。座布団が舞い、死体の花ノ海の上に桜の花びらのように落ちる。この明るい展望のためには、死体相手のひと芝居くらい、巧みにやりおおせてみせようではないか。

腋の下から支える格好を、浅いもろ差しのように見せ、花ノ海が左から小手に振ったかのように見せて私は自分の左腕を抜き、花ノ海を振り回す遠心力で彼の右腕を私の左腋の下に挟んで、右四つの格好を取り繕った。私が観客なら、二人はダンスのペアで、パートナーの片手を放して回転させ、また組み直した、というように見えたと思う。私は後ろに少し反り返り、腰を高くして自分の顎の下に花ノ海の頭を入れ、いかにも不利な体勢になり、後ろへ下がろうとした。そして気がついたことに、ここから元の土俵の縁へ戻るのも、これまでと同じ時間どころか、帰りは体力を甚だしく消耗したうえ死体を引きずっているのだ、倍以上の時間がかかるかもしれない。その間に死体が硬直し、腐り始めるのは自明のことだ。腐りかけた死体が相手では、いくら私が名演技を披露したところで、臭いもあるし、腐った肉片が引きずる際にぽとりと落ちれば、観客もだまされないだろう。私は殺人犯ではないが、死体遺棄か何かの罪は逃れられなくなる。さらに悪いことに、花ノ海が腐ったミカンのように傷んでは、皮を剥くことができなくなるのだ。万一私が勝ってしまっても、花ノ海は蘇らない。後ろめたさは償えなくなる。

それでは、やはり私が寄る方がいいのだろうか。その方がわずかでも土俵の縁に近いかもしれない。はっきりと覚えてはいないが、足元にある仕切り線は、二本目の仕切り線のような気がする。とはいうものの、死体は抱えて前進するより、後ろ向きに引きずったほうが運びやすい。私が寄るのでは、さらに多くの時間が必要になる。途方に暮れた私は、土俵上で固まって相撲人形となってしまった。

整理してみよう。いま最も優先されるべきことは何か。結果や目的から考えてはいけないのだ。目先のことの処理が重要だ。つまり、死体が変化する前に何とかしなくてはならない。皮被りの件はこのさい置いておこう。腐り出すまでの時間は決まっている。しかし、私は腕時計をはめてはいない。できるだけ早い方法を探すだけだ。確実さや周到な用意なんかにもこだわってはおれず、ある程度賭けなくては。何でもすべきだ、何でも。残る体力の爆発に託して吊り寄りで走るか。あるいは内無双で足を払って倒すか。上手投げでもいい。蹴返しでもいい。

私は悪夢から目覚めた気がした。投げだっていいのである。どうしてこうも寄りにばかりこだわっていたのだろう。寄られたから寄り返したのだろうか。だとすると、私は後を追うタイプの花ノ海の後を追っていたことになる。そして花ノ海も私の後を追おうとしていたのである。主導権を取らない二人が相撲をとっているから、お尻を勾ぎ合う二匹の犬みたいで、決着がつかないのかもしれない。けれども、いまや事態は変わった。私は積極的に解決のアイデアを出している。

だが、いざとなると腕はこわばり足はすくんでしまった。つまり依然として動けないわけで、傍目には私たちの状態は変わっていないのだが、最前の困惑から不安へと気持ちは変わり、死体と触れている皮膚からは冷たい汗がにじみだしている。まるで死体から体液が流れ出しているようで、滑り落ちないように力を入れ直さなくてはならなかった。賭だと言い聞かせておきながらためらった挙げ句、こうして無駄に体力を消耗し、もう吊り寄りなんかするエネルギーは残っていない、と後悔した。決断力の鈍さが、自分の型を持ちそこそこの力もあるのに三役に上がれない原因だと広く指摘されているが、全くそのとおりだ、と苦々しく思い、その優柔不断さはどこから来るのかと考えると、場違いな場面でくだくだと考え込むところだと結論づけられ、世はこのような性質を暗いというのだ、と納得した。してみれば、やはり自分の特徴は暗いことであって、それで人気が出たのはあながち筋違いでもなかったわけだ。

そこでほんの数秒考えが途切れたおかげで、最優先すべき時間を、またもや浪費していることに気づいた。要するに一人でいるから考えてしまうのであって、こんなことなら花ノ海が死体になる前に二人で話すこともできたはずなのに。芝居だって二人で打てば心強く、日常生活の一部のように難なくこなせた。そうだ、私に必要なのは、誰かと会話することなのだ。

そう思うと、つきあいは薄い方だったとはいえ、ミツグッチ、ジュンキと呼び合うほどの親しさはあったし、あいつのつきあっていた女性と挨拶を交わしたこともあった、と花ノ海の思い出が強く心を打ち、取り残されたという気分がいっそう濃くなって、涙ぐみかけたが、それは行司の足袋が土俵上を微かに擦る音で遮られた。危なく弱みを握られるところだった。それとも、ことさら足音を立てるなんて、すでに何か勘づいているのだろうか。花ノ海の足元はもう見たのか、ひょっとしたら、私ですら見ていない花ノ海のつむった目も見たのかもしれない。どこまで知っているのだ。何れにせよ、私の注意を引こうとしたはずだ。行司と話す必要がありそうだ。

行司と話すといっても、土俵上ではファンの声援に片手を挙げて微笑み返すより難しいことで、途方に暮れてしまった。他の審判員に聞こえてはまずいのだから、行司と私の距離をひそひそ声が届く範囲に縮めなくてはならない。しかし、行司というのは力士が近づくと逃げるものなのだ。そういう職業なのだ。私が力を雑巾のように絞って、死体を抱えて行司の方へ寄っていっても、「ノコッタ、ノコッタ」と叫びながら、私の声の届かぬところへ素早く移動するだろう。どんなにわかって欲しいと目で訴えても、行司は足元を見ているはずだ。ずり落ちた靴下に気づく可能性は高まる。これでは悪循環のサーカスになる。もう私は気づいているのだが、方法は一つしかなく、行司を近づかせるために、「マワシ侍った」をさせるという賭があるのみなのだ。花ノ海のマワシをこっそりほどき、行司に直させている間に話すのだ。その間、行司が花ノ海の体に手を触れ、冷たいと感じることもあるだろう。危険を覚悟の上、絶妙のタイミングで話しかけねばならない。

だが、花ノ海は本当に冷たいだろうか。腋の下に掌をあてがってみるが、湿った毛の下の肉の温度はよくわからなかった。よくわからないのは私と同じくらいの温度だからだ、ということは、ぬるま湯のお風呂で経験済みなので、少なくとも冷たくはないということは証明された。冷たくないのであれば、恐らく、死後硬直までもしばらく時間がかかると考えてよいのだろう。

賭の危険値が大幅に下がったのに反比例して、私の明るい気分が増したため、マワシはずしは浴衣の帯をほどくように容易だった。マワシが花ノ海のしっぽのように垂れ下がって土俵に着こうという一瞬を行司は見逃さず、私がリズムをつかむより早く、私と花ノ海のお尻を両手でぽん、と叩いて「マワシ待った」を宣言した。そして、力になるよ、と、私の耳にハッカ臭い息を吹きかけた。

私は背筋がくすぐったくなった。マワシを締めていなかったら、不本意にも勃起したに違いない。私の視線はうろたえて空中遊泳した挙げ句、どうにか行司の目に落ち着いたのだが、彼の視線は一心に花ノ海のマワシに注がれ、何も読み取れない。それどころか彼は腹話術の人形師のようで、軍配の端を口にくわえながら全く唇を動かさず、私にだけ聞こえる囁き声で、あたしにはお前さんが困り果てたうえ、不安になっていることがようくわかる、早くマワシ待ったをしてくれることを願ってたくらいなんだ、で、どうしたってんだい、と質問したのだ。

これは罠だろうか。私は行司とそんな信頼関係にはまだないのだ。まくり上げた行司の細くてすじすじした腕が、自信たっぷり、俺についてこい、と言いそうな無駄のない動きをしているのを見ていると、私は批判されている気になる。簡単に乗せられてたまるかという意地も働く。そもそも死体を抱いている私と、体力あり余る身軽な傍観者とでは、立場が違う。利害を越えた好意などありうるだろうか。もしかしたら私への好意ではなく、花ノ海への優しさかもしれない。話しかけているのも、私へではなく花ノ海へかもしれない。行司と花ノ海の間柄については、私はまばゆいほど無知だ。私などカヤの外、という事態もありうる。行司のつもりとしては、私こそ皮が剥がされるものと考えているかもわからない。

だが、私が逆らいがたい魅力を感じたのは、声だ。私が頭の中で考えているときに使っている声（喋るときの声とは全く違う）と同じ声なのだ。私は自分の考えるときの声を官能的だと思って、愛している。少し枯れていて、相手が自分一人に語りかけられていると思い込むような、睦みごと向きの声である。その声を口からも出すことができたら、私はずっと自信家になり、モテるようになるはずだ。私を追いかけるファンが現われ、不味山《まずいやま》ぐらいには女性からの人気が高まる気がする。

そんな声で語りかけられたのだから、一応疑わなくてはいけないと思うものの、ガードは七割がた下がってしまう。ついすじすじした彼の腕にすがりたくなる。

何ということを考えているのだろう。そもそも、自分の声にうっとりしているということは、私は自分を愛する性《さが》に生まれたということになる。そういえば思い当たる節々が痛む。自分の胸に手を当てて、横綱江戸の川関への過剰な思い入れを振り返ってみればいい。私は現実の江戸の川関を見ているのではなく、妄想上の江戸の川関に憧れる自分を愛おしんでいるのだという気がしてくる。私は宝塚に入団する女の子の気持ちで、相撲界に入ったのだろうか。

私の隙間から、ふう、とため息が漏れた。わかった、疲れてるんだな、水入りを考えてもいい、と行司が言った。妙な言葉を吐かぬよう警戒していたのに、不用意なため息が返事と解釈されてしまったのだ。おかげで話しかけられているのが私だということはわかった。ところで、水入りは行司が決められるのだろうか。審判部のはずだが、慣例が跋扈する角界だから、これだけ格上の行司となると、多大な権力があるのだろう。「考えてもいい」という言い方をすることで、かなり相手ではないことを確認させているに違いない。反発を感じた私は、声のことは忘れて、つい口走った。

「余計なお世話だ」

そう、ムキになんなさんな。行司は勝負をつくるのが役目。軍配を上げなくちゃあ、いけない。こんぐらがった取組にゃあ、あらゆる潤滑油をさしてやる。ってことは、行司は力士みんなの味方ってことよ。いま、あんたに必要なのは、休憩かい、早い決着のためのアドバイスかい。

不愉快だ。私は行司の土俵の上で相撲を取らされているも同然だったのだ。行司は一番強いだけではない。行司はいわば、私の作者といってもいいのだ。私が死体を寄り切ろうと、死体に寄り切られようと、行司には予測済みに違いない。さっきは花ノ海に勝ってしまうことに後ろめたさを覚えて、損をしたような気がする。同時に、本来こういう局面では花ノ海と私は共謀して、行司を裏切るものだ。花ノ海が死体ではこれもできない。再び、花ノ海の死の取り返しのつかなさに、胸が詰まる思いになる。ここは返事をしないでやろうと思ったが、それも見透かされているような気がしたし、返事をしないことはあらゆる解釈可能な返事をしたようなものだということは、先ほどの教訓なので、最小限の場つなぎの言葉を吐いた。

「黙っててくれ」

黙ってるよ、黙ってる。喋ってなんかいやしない。いまや、この声が耐え難かった。こんなことを言われると、私が逆に大声で喋り散らしてやりたくなる。話す相手を間違えたのだ。私はもっと、発展的な会話をしたかったのだ。これでは独り言だ。

さあ、もうすぐ、マワシを締め終わる。どうするか、決めたかね。

「うるさい。永遠に結論を延ばしてやる。自分のマワシをほどいて、永遠にマワシ待ったにしてやる」

行司が私の敵だとはっきり悟った。一人ででも反抗してやる。壊してやる。台無しにしてやる。行き詰まったら、マワシを振り捨てて逃げてもいい。

そんな私の決意をよそに、行司は私の顔を見ないまま、私と死体の花ノ海の尻に手をやって、マワシ待ったを終わらせる用意をしながら、またハッカの臭いのするほどの距離でささやいた。

右を見なさい。

そしておしりを、ぽん。

私が目をやった右、正確には右斜め後ろは、正面側で、鏡像審判長が口に人差し指を当て、ヤクザの組長のような凄味のある表情で私の目を睨んでいた。私はそこまで届くような大声を出していたのだ。私は自分がつまようじになった気分に陥り、あっという間にマワシを振り捨てることは諦めて、行司の土俵の上に帰った。私は鏡像部屋の力士なのだ。

しかし、帰るまでもなかった。そもそも私は逃れてはいなかったのだ。というのも、私は自分のこの取組の審判長が誰であったか、いまのいままで知らなかったからだ。つまり、この瞬間まで審判長の顔を見たという記憶がなく、初めて師匠の顔がそこに見えていることに、愕然としているのである。何しろ、審判長に限らず審判員というのは、土俵の外に座っているのだ。私はそうこうしているうちに、土俵の外が見える位置、すなわち、わりあい土俵の縁に近いところまで来ていたということだ。そして、行司によってそのことに気づかされたというわけなのだ。行司は私が気がついていないことをとっくに見透かし、あえて私を怒らせて、審判長の方を向かせたに違いない。

　私は顔を上げた。吊り屋根が見える。赤房と白房も見える。その向こうには満員のはずの観客、その上の影の部分には優勝盾が並んでいると思うのだが、ライトがまぶしくて見えない。それから土俵に目を戻し、もう一度師匠を見た。こうしてみると、土俵ぎわまでまだ残る力を振り絞れば、たどり着けないことはないような気がする。死体より、私の方が土俵ぎわに近かった。審判長席に向かって、後退りしていけばいいのだ。師匠も厳しい顔つきはしているが、凄味は消えて普段の表情に戻っている。落ち着いて考えてみれば、師匠にだって、花ノ海のことが気づかれる可能性があるのだ。いまのところ何も察していないらしい。すぐ顔に出る人なのだ。気づかれたらどうなってしまうのか。師匠は私の力になってくれるだろうか。私は師匠に気に入られているのか、嫌われているのか、よくわからない。嫌われていたら、私を角界から追放しようとするだろうか、それとも智の国を土俵上から抹殺しようとするだろうか。あるいは、公私混同はしないかもしれない。しかし、角界に公私の別はあるのだろうか。私は否定的だ。

　ともかく、実際はまだ何も知らない。無邪気なものだ。その何も知らない師匠へ向かって私は寄り切られ、負ける。何と甘美な結末であろう。

　私は一息、二息ついてタイミングを見計らった。ぐずぐずしていると、行司が水入りにしてしまうかもしれない。そう考えたのを読み取ったかのように、行司が私の右目の切れ目から日の出のようにゆっくり姿を現し、このうえなく爽やかな笑いを瞬くほどの間、私に送った。最後の寄りに備え、私の腕の筋肉を動かそうと準備していた血どもは、すべて頭に昇っていった。私は、自分の頭が何事かを忘れる現場というものに、生まれて初めて立ち会った。私は後退りのことを忘れた。

行司への復讐は土俵上でなされなくてはいけない。というより、土俵上以外では不可能なのだ。私は行司が何者であるかを知ってしまったのだ。ただ勝負を見極める職人気質の好好爺だ、と思っている幸せな関取では、もうないのだ。土俵と行司はつながっている。このことに気づいた私には、何か大きな転回が待ち受けている気がする。

勝負をつくる、と言っていた。私が行司のつくるゲームの駒ならば、駒の解放はルールの破壊か、ゲーム盤を壊すかにかかっている。いまの体力で土俵を懐すのは、地球をかじるようなものだから無理だろう。では、ルールの破壊だ。しかし、ルールの破壊とは。ルールを守らないのを破壊だとすると、例えば将棋なら飛車も歩も同じ動きができることになるが、それでは飛車でもなければ将棋でもなくなる。駒の解放は、駒でなくなることによるのである。あくまでも駒のまま解放されたいのなら、飛車は飛行機と呼んでもよいだとか、駒にも性別をつけて女性差別してよいだとか、勝負相手と合意のうえでルールを変更するしかない。土俵の上では誰と合意すればよいのか。しかも私は駒だ。駒が交渉できるだろうか。もちろん無理である。私は一人で勝手に、手を着いてもよいだとか、髪型は自由、などとルールを変えるしかない。だが、それは単なるルール違反で、私は裁かれる。ルールは全く破壊されていない。勝手に変えようとすると、裁かれるしかないのだろうか。いや、違う。裁かれるのはルール違反だからだ。つまり、ルール違反を犯さない範囲で変えればいいのだ。寄り切りだけが決まり手だとか、巻き替えは二度まで、とかである。ルールを厳しくすることもルール変更だ。私だけがこの土俵上で違ったルールで相撲を取っていれば、それはもう相撲なんかではないはずだ。行司が勝負をつくろうとしても、私が消極的に認めない。非暴力無抵抗。そう、ガンディーの戦法はルールの骨抜だったのだ。

だが、私にできるのは、さしあたって何もしないことだった。つまり、現状のこの動かぬ状況のみを取組と認める、というルールをつくったのだ。難しいのは、行司が何かを私に仕掛けない限り、私のつくったルールは機能を果たし出さないということ。取り締まる側が放っておいたら、非暴力不服従も、ただ何もしていない人、ということになる。逆にいうと、とりあえずの措置として私はいま組んでいる姿・形・状況のみを取組と認めるというルールをつくったが、それは便宜上のことで、行司が何か積極的に働き掛けてきたとき、初めて私も自分のはっきりしたルールを示せる、あるいはそれでしか示せないというわけだ。私の便宜上のルールはまだ私のためにだけあって、私はそれをある程度のエネルギーでもって、言い聞かせ続けていなくてはならない。

でも、忘れていた！　私はこの土俵世界を支えている重要な要素二点を忘れていた。行司は私より体力があり、花ノ海の死体はまもなく死後硬直し、さらには腐り始めるはずなのだ。私は必要以上のエネルギーを使うわけにはいかないし、根気比べか、と行司が腹を括ったら、とても惨めな敗北を喫するのは必定である。そして、死臭まで私は我慢しなくてはならない。いや、恐ろしいのは、死臭を我慢する義務ではなく、死肉が土俵上に落ちるシーンを観衆、さらにはテレビの視聴者にも見られることだった。厳密に言えば、死肉が落ちるところを見られることが、智の国の抹殺につながる可能性が恐ろしいのだ。

私は急がねばならない。それはさっき、論理的に検証して、結論として導いたばかりだった。私は忘れていたことになる。それを忘れた理由は、と言えば、私が急がねばならないのに、反省ばかりして徒らに時間を殺していくのは、私が一人で考え込んでいるからで、誰かと対話する必要があると考え、行司と対話して、頭に血の昇るような出来事があったからだ。それで、私は初めて、ものごとを忘れるシーンに立ち会ったばかりだった。あれは、何を忘れるシーンだったのか。だが、それを思い出せるのであれば、忘れたことにならない。忘れるシーンを把握したということを覚えているだけで十分である。

疲れているのだろうか。もちろん、疲れているに決まっているが、頭も本格的に疲れているのだろうか。私はこんなときに、何だか愉快な気持ちになり始めているのだ。頭に昇った血がメレンゲを踊り出して、脳味噌が痒いようなのだ。

そう、音楽！　私の頭の中ではラテン音楽のナンバーがリレーを始めた。最初は、訳すと「クリスティアーナ、君の愛で熱が出た」という糖尿病になりそうな甘ったるい歌詞のメレンゲ、次は「オレは山刀《マチェテ》を持っていない」と始まるキューバの複雑なリズムの曲で、それから「セニョーラ、あなたは罪深い」と歌い出し、「もう一回オレを食べてくれ」というサビのサルサが続く。いつも聴いているテープの曲順だ。私は稽古の合間はウォークマンでラテンを聴いているのだ。ラテンを聞いていると、体が軽く飛んでいくような気分になる。その原因について考えたことがあって、ボンゴやコンガのリズムを聴いて私の体はちょうど水泳のクロールでビートを刻むような感じになり、あるいはスピード・スケートでコーナーを刻むような気持ちになり、実際の私は泳いだり滑ったりしていると、上に上がっていく。私にとって泳ぐ・滑る感覚というのは、空を飛ぶ感覚なのだ。ラテンを聴いていると、飛んでいくのである。そうすると、ヘッドフォンでマゲがひしゃげた姿で音楽に聴き入る私が斜め下に鳥瞰でき、それが自分のことながら愛らしく感じるのである。それで、とても客観的な気持ちで、相撲人生を考えるわけである。

私は相撲＝ラテンダンス論を唱えたいのだ。そう言うと、相撲は目で駆け引きを行い、勝負のスタートである立ち合いも勝負者同士の目の駆け引きで決める、そのような点が、視線が合ったら踊りが始まるラテンの踊りと共通している、と考える人がいるかもしれない。あるいは、技術的に、ターンと小手投げ、組み替えと巻き替え、腰の動きとマワシ切りなどが、同じものであると感じるかもしれない。それは正しいのだろうが、それなら、ボクシング＝ラテンダンス論やレスリング＝ラテンダンス論でも可能だ。

まだ幕下付け出しだったころ、メキシコ巡業があり、私は運のいいことに一人で外に出る時間を持てたのだ。学生相撲出身の私は、一応第二外国語をとっていて、スペイン語だったのだが、私はこれを好きで熱心に勉強した。相撲界で食えなかったら通訳をしようと、本気で考えていたせいもある。だから憧れの地でもあったメキシコに来られたのはプロの力士になったお陰だと思うし、学生相撲をしていたためにスペイン語まで少し話せて、私の人生は順調というほかないと思っていたものだ。

マゲ、浴衣、その下の稽古用マワシ、雪駄という私の姿は当然目立つからすぐに声を掛けられ、フィエスタ（パーティー）に誘われた。私はこのいでたちで、来ていた女の子たちの度肝を抜き、飲み食いする量で圧倒し、「カラテ、カラテ」と勘違いはなはなだしい催促に、いい加減なブルース・リーの真似（百二十キロのブルース・リー！）をしたところで、完全にメキシコ人を寄り切ったつもりだった。男どもには畏敬のまなこで、女の子たちにはからみつくようなねっとりしたまなざしで眺められていたのだ。ところが、彼らの懐は深く、欲望ギリギリの好奇心は、私の土俵をルチャ・リブレ（プロレス）のリングに変えてしまった。私にサルサを踊らせようとしたのである。踊りたかったが、自分がどれほど滑稽な姿になるかわかっているので、初めは拒絶したけれど、ねっとりしたまなざしは私の何もかもを官能的に見てくれるかもしれないと思い始め、実際そのとおりになった。思い切って浴衣を脱ぎマワシ姿で踊ったのである。女の子たちはマワシにしがみつくようにして踊ったのだが、マワシから人の呼吸を読むのは力士の普段の行為なので、女の子たちの動きがすぐ飲み込め、私はずいぶん鮮やかに踊っていたのだ。それはブルース・リーの真似なんかより格段にうまかった。しかも彼女たちは、マワシを持ちながらだとても踊りやすいし興奮する、と言うのだ。私のこの日の心地よさと言ったら、十両に上がったときに匹敵する。

私がうまく踊れたのは、マワシを着けていたこと、相撲取りであったことによる。つまり、ラテンの踊りは相撲なのだ。相撲取りは、踊れるのである。私はこれだけの力士が、私以外、踊りからあまりに遠くにいることに、口惜しい思いをしている。そして、世の踊る人たちには、さらなる発展として、マワシを着けてみてもらいたい気持ちでいるのだ。私自身はその後踊っていないけれど、相撲が上達すれば、ラテンの踊りもますます心地好くなっていくと知っているから、熱心に稽古できるようになった。それが私の左差しという型の修得につながったのである。

そういえば、どんな気分で私が土俵を勤めているか、この転換期も、踊りを知ったメキシコ巡業だった。それ以前は、重いと思っていた。重心を落として体を引きずるように這い回る感覚で、土俵に上がっていた。ゴキブリであれ！　と私は自分に命じ続けたものだ。だが、一転、私は軽くなったのである。軽い私が少し上から相手を引き上げて運んでいるような気がしているのだ。私のテーマは少しでも軽くなることになった。最も心地好かった取組は、すずきではない横綱江戸の川関から金星をあげたときで、私は土俵から十センチほど浮いて、親指から小指までマワシに通した左下手で横綱を引いたら横綱は倒れかけ、横綱の腹の右横の肉が三回波打ち、そこを寄った。私が土俵際から勝ち名乗りを受けに戻るときには、すでに座布団が舞い、まだ起き上がっていなかった横綱江戸の川関の上に落ちてしまい、それも横綱の品位に関わる問題だと、論議を呼んだ。

こんな話に、力士はインタビューで答えているように「夢中で取ったので何にも覚えていません」と言うのが正しく、過去の取組を克明に覚えているなんてたるんでいる、と思う好角家は多いかもしれないが、全くそうではない力士もかなりいて、北乃海関は初土俵から引退までの全取組の模様をそらで言えるという。私も記憶力はよい方で、メキシコ巡業後、いま関脇の田舎者、栃の埼が十両入り目前というときに私と当たることになり、仕切りながら栃の埼の印象が違うと思っていたら、それ以前に比べ鼻毛が長く、鼻の外に小さなジェット噴射みたいに顔をのぞかせているのに気がついた。メキシコの大気汚染のせいで鼻毛が伸びる話はどこかで読んだことがあり、私も伸びていて栃の埼に「智の国の印象が何かおかしい」と思わせているのかもしれない、と考えながら、栃の埼の鼻毛ばかり見つめて仕切っていたので、立ち合いで鼻めがけて突っ込み、私の額にぬるりと栃の埼の鼻血が着くのを感じた瞬間には、すでに寄り切っていた。栃の埼はあの負けが相当口惜しかったらしく、立ち合いの爆発力の研究に血道をあげ、立ち合いが大きく改善され強くなったと、相撲雑誌上で私に感謝している。いま、彼はニセ横綱江戸の川キラーで、大関候補と目されるほど順風満帆なのだ。だが、やつは真の横綱江戸の川を倒したことはなく、私の金星は届くことのない価値をもって、やつの頭上に燦然と輝いている。やつはやつで、弱いときの横綱から挙げた金星はメッキなのだ、と言い張る。金星を手に取ってみたまえ、軽いだろう、とあざけるのだ。しかし、軽いのはいまや私には価値なのである。

いま気がついたのだが、私はなぜこんなに横綱江戸の川関にこだわるのか、わかった。真の横綱江戸の川関はラテン経験があるのではないだろうか。そして恐らく彼のテーマも、より軽く、より強く、だったはずだ。優勝未経験で悩んでいたのではないのだ。体力が落ちていたのは、より軽く、の実践に必然的に伴う現象だったに違いない。それは失敗だったのだろうか。軽くなって、命を落としたのだろうか。私も、より軽く、をテーマとする以上、同じ目に遭うわけで、それがいまなのだ。

だが本当にそうだろうか、私はそう考えたくないのだ。私はラテン経験をもっと深く信じているのである。それなくしては、私の横綱江戸の川関への思い入れはない、とやはり思う。なるほど、いま強い横綱江戸の川関の栄光は疑いえない。しかし、私に重要なのは、より軽く、の栄光で、それでこそ横綱江戸の川関を同時代人だと感じられるものだ。横綱は体の構造を軽いものに変えた後、より強く、の実践に移り、その結果いまの無敵の横綱になったのに違いない。その強さは、より軽く、を経たあとにしか獲得できないのである。軽いから強い。現在の強い横綱江戸の川関は、真の横綱江戸の川関のまま、連続しているということになる。すずきに関する噂はデマに過ぎない。

背中が熱い。支度部屋にいるはずの横綱江戸の川関が、軽くて大きな腹を私の背中にぴったりとくっつけて、いつの間にか立っている。私は回れ右をして、お腹とお腹を密着させた。真の横綱江戸の川関と私は、ラテンを踊る。踊り、回りながら、私たちは浮き上がっていく。私たちは視線を合わせて、同志的な笑みを交換する。くっついたお腹から言葉が伝わり、会話が始まる。まさしく腹話術で、以腹伝腹、腹蔵なく語り合うのだ。彼の腹が言う。ぼくは後継となる弟子が欲しかったのさ。私の腹は答える。わかってましたよ。彼の腹は質問する。きみはメキシコ系だったね。私の腹は聞き返す。メキシコ系？　メキシコでラテン相撲に目覚めたのだね。ああ、そうです。して、横綱は？　ぼくはベネズエラ系だ。ベネズエラでも巡業があったのですか？　いや、個人的な旅でだ。恋人がいたんだ。

われわれは釣り屋根の上にいる。これより上に行かないように、釣り屋根につかまっている。結果的に、われわれが釣り屋根を支えていることになっている。

ふと下を見たのがいけなかった。土俵上で丸い二つの肌色がくっついて、もじもじしている。二つ！　私はここにいるのに！　ここは釣り屋根の上なのに！　そう自らの内なる声で叫んだ途端、釣り屋根の綱が切れて、屋根もろとも私は落ち始めた。いや、落ちたのは私だけだった。落ちながら、私には横綱江戸の川関の鼻の穴が釣り屋根の端から覗いているのが見えた。悲しい気持ちになったのは、横綱江戸の川関の鼻の穴が下から見えるということは、横綱は落ちていく私のことなんか気にも止めず、目もくれないということを意味するからだ。私はその鼻毛にせめてつかまりたいと思ったが、毛が抜けてまた落ちるのがせいぜいだろう。

私は再び土俵上にいる。釣り屋根から見た一つの謎が解けた。謎、と言ってもそのときは謎だと思わなかったのだが、いま考えると、明らかに謎だったはずのことである。あのとき、二つの肌色が、二つとももじもじしていたのだ。一つの肌色は私である。もう一つの肌色は花ノ海だ。私は動いているのだが、花ノ海も動いているのである。それがいまここで確かめられた。花ノ海は蘇ったのだ。先ほどは私の肩に顔を埋め、左腕を高齢者のペニスのように自由に垂らしていたのが、いまや左上手をしっかりつかみ、頭を私の顎の下につけ、びくびくっ、ぴくぴくっ、と活け造りの刺身みたいに腰を振っては、私の左上手を切ろうとする。何よりも、釣り上げたばかりの青光りするマグロみたいな活きのよさが、私には嫉ましい。私が一人相撲を取っている間、彼は長い眠りについて休んでいたのだから、それは体力の塊だ。行司と同じくらい元気だろうか。元気な順でいうと、行司≧花ノ海≧鏡像審判長＞私、だろうか。

あれこれ私が考える間もないようだ。花ノ海は脇目も振らず射精へ邁進する二十歳の男子の性器になって、がぶり寄る。私もせめて気絶でいいから、させて欲しい。気絶して復讐したい。濡れた布団みたいに重くのし掛かって、困らせてやりたい。だが、悲しいかな、私はもはや軽いのだ。軽さの栄光の過程にあるのだ。つまり、ただ軽いだけなのだ。一時期の横綱江戸の川関のように、恥辱に塗《まみ》れなくてはならない。しかも、私では、負けても座布団は飛ばない。恥だとも言われない。ただ負けるのである。誰も恥辱だと思いもつかないところで、一人で恥辱を感じるのである。

もっと惨めなことがある。私は左上手をしっかり握り締めているのだ。ずんずん寄られながら、私は命綱を放さない。それどころか、最後の逆転勝ちを狙っている。死体に寄り切られる、という思いは甘美だったが、蘇ったゾンビに寄り切られるというのは、おぞましい。その感情が、圧倒的不利なのに悪あがきを促すのだ。でも、それも不思議だ。似たようなものなのに、なぜおぞましいのだろうか。いや、問題が死体とゾンビの違いにあるのではないことは、自分でも気がついている。死体だったときは、芝居として寄り切られる予定だったのだ。私は諒解済みだった。いまは私の意志にかかわらず、寄り切られる。

だが、待ちたまえ。死体だったというが、私はさっき気絶したいと思った。花ノ海が気絶しただけだという可能性を、どうして考えなかったのだろう。それは初めに寄りだけにこだわってしまったのと同じ理由なのだろうか。私はスポーツをする者としては、どちらかというとものごとをよく考えるほうだと自負している。同僚は基本的にばかだと思っている。まあそれはいい。彼らもばかだと自覚しているし、角界では私の方が差別される側なのだから。私もその点では差別されて気持ちいい。ともかく、私はいろいろな可能性があるのではないかと思って、あれこれ考える。しかし、どうやら考えることで、私は可能性を限っているというのが、確かなところなのではないだろうか。濃密に何ごとかを考えていたため、気絶のことなど思いつくヒマも隙間もなかった。その結果、私は勝手に死体だのゾンビだの決めつけて、二重に一人相撲を取っていたのだ。やはり、独りよがりにならぬよう、誰か理解ある人と話すべきだった。いや、決めつけがいけないのだ。気絶と決まったわけではない。本物の死霊かもしれない。

ゆっくり迷うヒマもない。すでに土俵際だ。私は花ノ海の寄りをこらえている。両足のかかとは徳俵にかかっている。私はナマコといわれる柔らかい腰と左上手一本で、かろうじて残している。私の体で唯一、自信を持ち優柔不断でなく独立心に富む男気な左腕は、ナマコ腰と共謀して、すばらしい逞しさで花ノ海を右へうっちゃった。私と花ノ海はもつれて倒れる。

行司が笑っている。

しまった。これは取り直しだ。

［了］

あとがき

もう相撲ファンは引退しない宣言

このあとがきを書いているのは、二〇一七年九月場所が終わった後の、秋の気配が強くなってきたころです。幕内だけで横綱大関五人や宇良ら六力士が休場するという前代未聞の場所は、序盤三連敗を喫した日馬富士が、見事な逆転優勝を遂げて終わりました。人気大関の豪栄道と優勝争いとなった千秋楽の一番では、館内に豪栄道コールが起こったとき、すかさず日馬富士コールが起きてそれを打ち消すという、これまで見られない現象が起きました。日本人力士の優勝がかかっているときに、モンゴル人力士の優勝を望んで応援が拮抗する、ということは、私が相撲ファンに復帰してからのここ三年ではありえなかったことです。

それほど、一人横綱として休場もできない中、孤独な土俵を務めてきた日馬富士の姿に、感銘を受けた人たちが多かったのでしょう。館内の空気も少しはマシになったのかな、と思いきや、それを打ち消す出来事が九月の末に起こりました。

休場の横綱・白鵬が、弟弟子の石浦と、同じ横綱である鶴竜と、それぞれの結婚披露宴に出席しようとしたところ、相撲協会広報部長の春日野親方が、「公式行事に出ないにもかかわらず、私的なイベントなどに出席することはどうか」と述べ、師匠会として待ったをかけたのです（スポニチ九月二九日付）。このため、白鵬はいったん、欠席を決めざるを得ませんでした。しかし、スー女たちがこの措置を猛然と批判したこともあってか、翌日、白鵬は明治神宮の奉納土俵入りなどに参加するという条件で、石浦と鶴竜の両披露宴に出席することができました。

怪我の治療に差し支えるイベントならともかく、部屋の後輩力士の祝い事に出ることに、何の支障があるのか、私には理解できません。むしろ、先輩力士の務めとして出席しようと考えるのなら、それは相撲のためではないのでしょうか。そのために、怪我を押して土俵入りを務めなくてはならないなんて、それこそ本末転倒だと思います。九月場所前に怪我人が続出したことの反省が、相撲協会にはないのか、と訝《いぶか》ってしまいます。すべては力士の自己責任だと思っているのなら、相撲協会は力士のことも真摯なファンのこともないがしろにしていることになります。

この件から私が納得したのは、これまでの大相撲をめぐるモンゴル力士への風当たりは、要するに、白鵬憎しなのではないか、ということです。相撲の実力も圧倒的で、力士からの人望も厚く、不滅と思われた記録を次々塗り替えていく白鵬のことが、気に食わない。外国から来て健気にがんばっているのなら大目に見るけれど、日本の力士や親方を超えるような真似は許さない、何様だと思っているんだ、つけ上がるんじゃない、とキレている状態ということなのかもしれません。自分より下だと思って可愛がっていた女が、自分よりいい仕事について業績を出し自分よりいい給料を稼ぎ始めたとたん、怒り出し貶めるDV男の行動とそっくりです。日本が韓国や中国に持っている恨みがましい優越感も、同型といえます。

大相撲が消滅の危機にあったときに土俵を支えた白鵬を（どの力士よりも巡業も休まずに出ていた）、相撲が大人気で白鵬の支えが不要になった今、煙たくなって追い出そうとしている、というようにさえ、私には見えます。けれど、秋場所の休場と怪我人の多さは、すでに大相撲が危機にあることを垣間見せています。千秋楽に解説の北の富士勝昭さんは、今場所はいい場所だったと言っていいのはお客さんだけで、相撲協会は稽古の仕方などについて大いに反省しなくてはいけない、と指摘していました。

怪我人急増の原因の一つに、巡業の過密さが指摘されています。朝日新聞によると、毎年増え続ける巡業の日数に対し、労組である力士会では、「巡業での稽古を二組に分けて一方を休養にあてるなど力士の負担軽減を求めている」とのことです（九月十三日付）。大ブームでのお客さんのニーズに応えることを優先して、力士を消費財のように酷使すると、人気力士がことごとく怪我で力士生命を脅かされることになる等、やがて取り返しのつかない事態が訪れるでしょう。

審判部などを見ていても不安に思うのは、相撲協会がどこか強権体質に戻りつつあるのではないか、ということです。上の顔色をうかがうばかりで、現場の実態をきちんと見なかったり、ネガティブな事態が起これば力士など下の責任にしてしまう。現場を見て制度を修正するのでなく、聞く耳持たずに幹部が勝手に決め、うまくいかないと「自己責任」にすり替えるこの社会の強権体質と、同じようになっているのではないでしょうか。そのためのポピュリズムとして、稀勢の里人気を演出し利用したりしている側面があると思います。

うまくいっているときほど、その後の崩壊の芽はひっそりと育ち始めています。相撲界はそのことを、大きな代償とともに学んだはずです。同じ過ちは繰り返さないでほしいと願います。

相撲界で起きていることは、この社会でも起こる。相撲が体現する問題は、社会の危機を極端な形で先取りしている。スポーツにそのような機能があることは、まえがきで書いたとおりです。

ひとり出版社であるころからの木瀬貴吉さんから、「『相撲と愛国』をテーマとした相撲本を出しませんか？」とオファーをいただいたのは、昨年（二〇一六年）の名古屋場所中でした。まったく思いもよらない企画に驚きましたが、確かに相撲のことなら書ける、そのテーマなら書きたいことがたくさんある、それほど自分と相撲のつきあいは深いぞ、と手応えを感じている己に気づき、こちらのそういう気分を掘り当てる編集者の力に感嘆しました。何しろ相撲小説からスタートした私の物書き人生、相撲の本を出せることの感慨は言葉に尽くせません。ただひたすら木瀬さんに感謝するばかりです。

できるだけライブ感覚を大切にして、相撲の今現在と寄り添いながら考えたいと思ったので、その時々の土俵の出来事や私の感情、思考を、ブログにみっちり書き込んでおくようにしました。二〇一六年は「日本人横綱誕生」の空気が醸成されてブームがさらに一段加速した年であり、私にも相撲についての原稿依頼や取材が来るようになり、この一年ちょっとは、相撲にかなりの言葉を費やしました。それらを私の個人史に沿わせつつ、テーマごとに構成したのが本書です。本題の流れが見えやすくなるよう、木瀬さんには年譜および第2章と第3章のリードを書いていていただきました。

こんなに真剣に相撲を細部まで見尽くそうとしたのは、貴乃花ファンだった時代以上で、これまで見えていたのに意識に入らなかった魅力もたくさん知りました。特に、スー女たちがそれを発見して表現していく創造力には、大いに感化されました。自分が相撲に対して、より大きな器のファンとなっていくのを感じています。相撲の大切度が、自分の中で増していくのです。なんという愉楽でしょう!

だからこそ、その大切な相撲を破壊するような言動には、なおさらきちんと対峙したくなります。それが相撲の外から来たものであろうが、相撲界の内部から起こったものであろうが。そして、そんなファンは私一人でないことを、この間、私は何度も実感しました。私には、ファンにも角界内部にも、相撲が生き心地のよい世界となるよう努める仲間たちがいるのです。だから、相撲に対して私には希望しかありません。私が相撲ファンを引退することは、もうありません。

二〇一七年の秋場所と九州場所の間に

星野智幸

のこった

もう、相撲ファンを引退しない

2017年11月17日初版発行
定価1600円＋税

著者　星野智幸
パブリッシャー　木瀬貴吉
装丁　安藤順

発行　ころから
〒115-0045
東京都北区赤羽1-19-7-603
TEL 03-5939-7950
FAX 03-5939-7951
MAIL office@korocolor.com
HP http://korocolor.com
ISBN978-4-907239-27-5 C0075

星野智幸（ほしの・ともゆき）
1965年、米国ロサンゼルス生まれ。早稲田大学第一文学部卒業。新聞社勤務後、メキシコに留学。1997年「最後の吐息」で文藝賞を受賞しデビュー。2000年『目覚めよと人魚は歌う』（新潮社）で三島由紀夫賞、03年『ファンタジスタ』（集英社）で野間文芸新人賞、11年『俺俺』（新潮社）で大江健三郎賞、15年『夜は終わらない』（講談社）で読売文学賞を受賞。16年に人文書院より『星野智幸コレクション』全4巻が刊行された。

【香山リカ対談集】ヒューマンライツ
人権をめぐる旅へ
共著・香山リカ、マーク・ウィンチェスター、加藤直樹、土井香苗、
渡辺雅之、青木陽子、小林健治、永野三智
1500円＋税／978-4-907239-16-9

【写真集】ひきがね
抵抗する写真×抵抗する声
島崎ろでぃー・写真　ＥＣＤ・文
1600円＋税／978-4-907239-18-3

沸点　ソウル・オン・ザ・ストリート
チェ・ギュソク・作
加藤直樹・訳　クォン・ヨンソク・監訳／解説
1700円＋税／978-4-907239-19-0

サバイバー　池袋の路上から生還した人身取引被害者
マルセーラ・ロアイサ
常盤 未央子／岩崎 由美子・翻訳　安田 浩一／藤原 志帆子・解題
1800円＋税／978-4-907239-20-6

はたらく動物と
金井真紀・文と絵
1380円＋税／978-4-907239-24-4